NEW YORK

NEW YORK

GRANDS VOYAGEURS

texte Christine Barrely photographies agence Hemis

CHÊNE

MONTRÉAL
BOSTON
WESTCHESTER
CLIVELAND, DETROIT, CHICAGO
BERGEN
PASSAIC
Inwood Hill Park
The Cloisters
Fort Tryon Park
Bronx Park
Little Italy
Concourse
Arthur Ave.
George Washington Bridge
Grand
BRONX
Crotona Park
Harlem
Hudson River
Central Park
Randall's Island
5th Avenue
ESSEX
La Guardia
Lincoln Tunnel
NEW YORK
MANHATTAN
Midtown
Astoria
Queensboro Bridge
Long Island City
Five Points
Jackson Heights
QUEENS
Corona Park
Flushing Meadows
Queens Midtown Tunnel
East River
Holland Tunnel
NEW JERSEY
HUDSON
Downtown
Ellis Island
Dumbo
Williamsburg
Forest Park
Highland Park
Newark
Newark Bay Bridge
Jersey City
Governors Island
Brooklyn Heights
Liberty Island
NEW YORK
Newark Bay
UNION
Red Hook
Park Slope
Brooklyn Museum
Brooklyn Botanic Garden
Prospect Park
Upper Bay
Greenwood Cemetery
Goethals Bridge
Bayonne Bridge
Staten Island Ferry
BROOKLYN
John F. Kennedy
North Shore
Silver Lake Park
Clove Lake Park
KINGS
PHILADELPHIE, BALTIMORE, WASHINGTON
Verrazano-Narrows Bridge
Jamaica Bay
STATEN ISLAND
Gravesend Bay
South Shore
Brighton Beach
RICHMOND
Lower Bay
Coney Island
MIDDLESEX
Rockaway Point
Outerbridge Crossing
Raritan Bay
OCÉAN ATLANTIQUE
Sandy Hook Bay
MONMOUTH
0
2
10 km

BERGEN
Fairview
NEW JERSEY
Union City
HUDSON
The Heights
Hoboken
Downtown Jersey City
Liberty State Park
Ellis Island
Statue de la Liberté
Liberty Island
Governors Island
Upper Bay
Red Hook
Lincoln Tunnel
Holland Tunnel
Hudson River
Morningside Heights
Harlem
Apollo Theater
125th Street
Brownstones
Columbia University
Broadway
Marcus Garvey Park
Riverside Park
110th Street
Harlem Meer
East Harlem
Upper West Side
El Dorado Apartments
Jackie Onassis Reservoir
5th Avenue
Central Park
Guggeheim Museum
Metropolitan Museum of Art
San Remo Apartments
Uptown
Upper East Side
Frick Collection
Madison Avenue
Columbus Circle
59th Street
Roosevelt Island
Roosevelt Island Tramway
Theater District
MoMA
Rockefeller Center
Queensboro Bridge
Times Square
West Midtown
East Midtown
42nd Street
Bryant Park
Grand Central Station
NY Public Library
Chrysler Building
United Nations
MANHATTAN
Murray Hill
Empire State Building
Belmont Island
Chelsea
Midtown
Queens Midtown Tunnel
Madison Square
Flatiron Building
Gramercy Park
14th Street
West Village
Union Square
Washington Square Park
Greenwich Village
East Village
SoHo
Downtown
Broome St.
Greene St.
New Museum of contemporary art
Little Italy
Eldridge St.
Harrison St.
Franklin St.
Lower East Side Tenement Museum
Tribeca
Chinatown
Lower East Side
Williamsburg Brigde
Woolworth Building
North Cove
Ground Zero
Beekman Tower
Battery Park City
Lower Manhattan
Wall Street NYSE
South Street Seaport
Manhattan Bridge
Brooklyn Bridge
Battery Park
Staten Island Ferry Terminal
Dumbo
East River
Harlem River
BRONX
Saint Marys Recreation Center
Randall's Island
Mill Rock
Steinway
Astoria
Ravenswood Houses
Woodside Houses
QUEENS
Long Island City
Queens Boulevard
Sunnyside
Greenpoint Avenue
Calvary Cemetery
Mount Zion Cemetery
Haberman
Greenpoint
Grand Avenue
Bushwick Junction
Metropolitan Avenue
Williamsburg
Old Germania Heights
NEW YORK
Myrtle Avenue
Marcy Houses
Broadway
Bushwick
Brooklyn Heights
Myrtle Avenue
Clinton Hill
BoCoCa
Flatbush Avenue
BROOKLYN
Highland Park
Wyckoff Gardens
Adelphi
Atlantic Avenue
Carroll Park
Park Slope
Brooklyn Museum
Brooklyn Botanic Garden
Eastern Parkway
East New York Avenue
Empire Boulevard
Prospect Park
Brownsville
Greenwood Cemetery
95
87
278
495
78
0
1
5 km

New York. Tout a été dit, écrit, chanté, peint. Pourtant, c'est une ville qui vous échappe toujours. Il n'y a pas une ville, mais des millions de villes. Chaque habitant, chaque visiteur porte en lui une vision personnelle de New York, un goût pour un quartier, une rue, une ambiance. Aujourd'hui, elle est une, demain une autre, épuisante à tout le temps changer. Un jour, en s'arrêtant au pied d'une tour toute neuve, rutilante et acérée dans le ciel bleu, on se dit que voilà, New York est terminée, on va pouvoir se reposer et goûter sa nouvelle perfection. Mais cela n'arrive jamais. D'une définition à l'autre, c'est peut-être cela New York, une énergie pure, un mouvement perpétuel, un bruit qui ne se tait jamais, comme si la survie de la ville tenait à cette mutation sans fin.
Le premier contact avec New York est un choc. Sensoriel et violent. C'est un choc parce que tout est si droit, si puissant, si « vertical », percevait déjà Céline, que l'on se sent dépassé. Aussi parce que tout est si bruyant, si pressé. Comment une ville peut-elle sembler aussi indéfiniment en travaux ? Jusqu'aux petites heures de la nuit résonnent des marteaux-piqueurs ! Dans la lumière des réverbères, une vapeur blanche jaillit des canalisations souterraines pour en soulager la pression. Les sirènes des voitures de police hurlent par intervalles, toutes les nuits, poursuivant sans doute quelque malfrat, avec un son comme on en entend au cinéma. La ville qui ne dort jamais. Ce cliché-là aussi est vrai. Il y a à New York un peuple de la nuit, pas seulement des fêtards noctambules, mais aussi des milliers de travailleurs qui ne perdent pas une minute dans la course au rendement. La violence des contrastes s'impose en permanence, comme une guerre sans vainqueur entre le beau et le laid, entre le riche et le pauvre. Ainsi passe-t-on sans transition de la raideur altière des gratte-ciel Art déco de Midtown ou Lower Manhattan à un fouillis de façades défraîchies. On suit l'une de ces rues impeccables et rectilignes et, passé un croisement, le paysage bascule brutalement : les trottoirs alignent bennes et poubelles devant des vitrines décaties. On chavire constamment d'un monde dans un autre : ici du calme de Financial District au chaos brouillon de Chinatown, ailleurs du chic raide d'Upper East Side au tourbillon bruyant d'East Harlem. On s'épate des escaliers de secours

en ferraille qui s'accrochent encore devant les fenêtres des immeubles. On s'étonne des innombrables réservoirs en bois qui chapeautent toujours les toits et témoignent d'un système de distribution d'eau anachronique. On s'émerveille des rues pavées bordées d'arbres qui fleurissent au printemps et font ressembler certains quartiers à des villages anglais.

New York est paradoxale. Pleine de monde, d'une foule compacte et pressée. Les gens y marchent plus vite qu'ailleurs, déterminés, par centaines de milliers, massés sur les trottoirs. Et pourtant tout est tellement grand que la ville semble vide, quand à la nuit tombée les milliers de fenêtres renvoient le reflet d'autres fenêtres, qui toutes semblent désertes comme dans un tableau d'Edward Hopper. L'une des particularités de New York est cette abondance de vitres, qui quadrillent les façades, sans que jamais personne ne s'y profile.

Répartie en cinq *boroughs* ou districts, New York est une ville de la mer et de l'eau, construite au fond de sa baie, à cheval sur un réseau d'îles et de presqu'îles, et cernée de rivières, d'estuaires et de bras de mer. Manhattan, son cœur, est une longue île. Brooklyn et le Queens occupent à eux deux l'extrémité ouest de Long Island, le Bronx se trouve sur la « terre ferme » mais sa proue est encadrée de rivières. Staten Island, enfin, est elle aussi une île. Pourtant, la ville semble tourner le dos à la mer. Heureusement, depuis une dizaine d'années, les berges de l'Hudson et de l'East River, les deux rivières qui enserrent Manhattan, offrent les plus belles balades d'une ville qui hésite encore à prendre une allure trop balnéaire, comme si son principal souci était de mener sa vie trépidante et active. Car New York se prend pour la capitale du monde et de l'Amérique. Un New-Yorkais croit nécessairement que sa ville est le modèle de l'Amérique, ce qu'elle est peut-être. En tout cas, il regarde de haut le reste du pays. Les attentats du 11 septembre 2001, qui visaient en New York le phare du monde occidental, ont fait vaciller la ville, un peu, mais elle s'est vite reprise, comme toujours.

L'histoire chaotique de New York retrace ses hauts et ses bas, cette alternance épuisante de crashs et d'envols effrénés. Découverte en 1524 par Giovanni da Verrazzano qui explorait pour le roi de France François Ier, la baie n'est colonisée

qu'au siècle suivant par les Hollandais, qui lui ont trouvé plus d'intérêt et baptisent leur comptoir « la Nouvelle Amsterdam ». En 1626, l'un d'entre eux, Peter Minuit, convainc les Indiens qui vivent sur place de lui « vendre » l'île de Manhattan. Un village fortifié se crée au sud de l'île, sur des terrains très marécageux que les Hollandais, rompus à la création de polders, commencent à drainer. On construit une palissade pour dissuader les Indiens, alors que le vrai danger vient d'ailleurs : les Anglais ont des vues sur la colonie. Ils s'emparent de l'île en 1664 et rebaptisent le village New York. La domination anglaise, arrogante, ouvre une période violente qui aboutit à la guerre puis à la déclaration d'indépendance, en 1776. Devenue américaine, New York prend son envol sur fond de spéculation immobilière et financière. Le village des débuts, cantonné au sud de l'île de Manhattan, a vite débordé et entamé son extension vers le nord. L'urbanisation, longtemps sauvage, propice aux incendies, est domestiquée grâce au fameux Randel Plan, un plan en grille géométrique qui quadrille systématiquement le terrain en blocs réguliers et numérotés. L'immigration, qui fait l'identité de la ville, déverse ses flots successifs d'arrivants, au gré des sursauts de la vieille Europe. Juifs, esclaves noirs affranchis, Irlandais et Italiens viennent occuper les quartiers ouvriers qui bordent les berges et le port. La corruption et la violence s'emparent de la ville où règne la loi du plus fort. Les gangs, irlandais d'abord, puis italiens, juifs, latinos ou asiatiques, se multiplient et mettent les quartiers en coupe réglée. L'immigration, qui contribue à la richesse de la ville et à son éclosion culturelle, commence à poser des problèmes et l'administration souhaite en contrôler les flux. Les élus décident d'instaurer un bureau de tri, avec pour objectif de refouler les arrivants indésirables. C'est ainsi qu'une petite île de la baie, Ellis Island, est dévolue à ce tri pour la période allant de 1892 à 1924. Durant ces trente-deux années, environ 5 000 personnes seront « examinées » chaque jour. Mais pendant ce temps New York continue de grandir, ravagée de temps à autre par de mortels sinistres. Au fur et à mesure que les nouveaux immigrants consolident leur situation, ils quittent les quartiers mal famés du sud de Manhattan pour emménager plus au nord, avant de repartir, toujours plus

loin, quelques années plus tard. Cette migration du sud au nord est une constante des mouvements de population à l'intérieur de la ville, même pour les classes bourgeoises ou riches, qui déménagent pour construire ailleurs plus grand et plus luxueux. Car la réussite matérielle est la règle et le but. Réussir et s'enrichir est la preuve de sa valeur. L'échec n'est qu'un contretemps. À chaque période difficile de son histoire, grandes crises économiques, effondrement des tours jumelles, déroute de la finance, New York a toujours repris le cap, comme avant, comme si de rien n'était, dans une perpétuelle surenchère : les plus beaux gratte-ciel du monde, les plus grands musées, les parcs les plus incroyables, le shopping le plus fou... et le plus formidable melting-pot culturel qu'on puisse imaginer.
Au-delà des paysages urbains spectaculaires et de son insolente réussite, peut-être New York tient-elle sa richesse de ceux qui y vivent et y travaillent. Ce sont eux qui lui donnent sa force, sa vitalité et son optimisme irrépressible. Les New-Yorkais sont un monde à eux seuls. Presque toutes les nations sont représentées, en un patchwork multicolore de quartiers. New York est chinoise, italienne, irlandaise, indienne, mexicaine, brésilienne, portoricaine, juive, russe et tant d'autres choses. Elle est ouvrière et pauvre dans le Bronx, riche et chic dans l'Upper East Side, baba cool dans l'East Village, branchée dans le Lower East Side, jeune mais nantie à Tribeca, juive et intello dans l'Upper West Side, familiale à Brooklyn, artiste à Williamsburg... Autant de schémas changeants et d'instantanés, vrais un jour, autres le lendemain. Ils bougent à la faveur des mouvements de la ville, du prix de l'immobilier, de l'état du monde, et, pourquoi pas, de l'envie qu'on y met. Voilà la magie de New York pour le visiteur : être bien partout à la fois, selon son humeur.

FT

N
E
W

DOWNTOWN

C'est ici qu'il faut aborder New York, tout au sud de Manhattan, là où le ballet incessant des navires rappelle les cargaisons d'immigrés pleins d'espoir qui abordaient le Nouveau Monde. Là où toute la ville se conjugue en un kaléidoscope fascinant de ponts et de gratte-ciel, de quartiers ethniques, de repaires de bobos chics et de métissages de cultures.

LOWER MANHATTAN

Au fond de l'immense baie de New York, la confluence de l'East River et de l'Hudson dessine la proue étroite de Lower Manhattan, le site de la toute première colonie établie par les Hollandais en 1624. Le village de ces colons, qui ne restera longtemps qu'un gros bourg, est protégé par une palissade fermant le sud de l'île, suivant un tracé qui deviendra par la suite celui de Wall Street (la « rue du Mur »). Ce sont la déclaration d'indépendance de 1776 et la stabilisation politique du nouveau pays qui lancent la spéculation et l'envol du prix des terrains à New York. La ville s'enrichit alors à la vitesse de l'éclair et explose presque soudainement. Le sud de Manhattan devient le centre des affaires, dessinant déjà le destin financier de New York. Une première bourse d'échange est créée en 1792, suivie par la Bourse telle qu'on la connaît, en 1817. Wall Street est choisie comme site. Pourtant, malgré ces progrès fulgurants, le sud de Manhattan ne doit son profil actuel qu'à un gigantesque incendie, qui détruit presque toute la ville en 1835 et permet d'en repenser l'aménagement. Seuls quelques îlots résistent au feu, tels le City Hall, St Paul's Chapel ou le quartier historique de South Street Seaport, le premier port de New York. Pour le reste, la place est libre pour ce qui fera la signature de New York, ses gratte-ciel. La fin du XIXe siècle et le début du XXe voient la naissance de joyaux architecturaux comme le fameux Woolworth Building (1910-1913), avec ses 241 mètres. Au fil des décennies, les rues évoquent de plus en plus des canyons bordés de tours vertigineuses, jusqu'à la construction, en 1970 et 1971, des fameuses tours jumelles culminant à 415 et 417 mètres de haut ! La terrible attaque du 11 septembre 2001 n'a d'ailleurs pas longtemps ralenti cette éternelle surenchère : la Freedom Tower, conçue pour remplacer les tours disparues tragiquement, projette son écharde de verre à 541 mètres... Comme pour conjurer le terrible traumatisme que la catastrophe a représenté pour les New-Yorkais, Lower Manhattan s'est livré peu à peu à l'audace des architectes. Parmi les derniers témoins de ce renouveau, la Beekman Tower, dessinée par Frank Gehry, dresse ses cascades d'acier brossé à l'orée du pont de Brooklyn. Car l'irrépressible vitalité de la ville a depuis longtemps repris le dessus. Wall Street, ainsi que l'on dénomme couramment le New York Stock Exchange, n'a cessé ses

Double-page précédente : depuis le Top of the Rock, une terrasse du Rockefeller Center, le panorama s'étend de Midtown vers Central Park et Uptown. On distingue clairement l'Hudson à gauche et l'East River à droite.

Page de droite : lever de soleil sur Lower Manhattan, vu depuis l'East River. Au premier plan, le South Street Seaport ; à droite, la façade drapée de la Beekman Tower de Frank Gehry ; au centre, la flèche néogothique du Woolworth Building.

activités que durant six jours après le 11 septembre... Les crises financières successives ne semblent jamais vraiment troubler l'activité des institutions financières, même lorsque le campement du mouvement *Occupy Wall Street* contre le capitalisme cristallise, fin 2011, l'attention des médias du monde entier. Dès le matin, le métro, le ferry de Staten Island, les ponts et les tunnels crachent les dizaines de milliers d'employés au cœur de la finance. À l'heure du déjeuner, ils s'agglutinent dans les fast-foods et les restaurants ou grignotent un sandwich sur les bancs publics. Mais le soir et le week-end, le quartier se vide et retombe dans le silence. Seuls les quais de South Street Seaport, le long de l'East River, et leurs vieux gréements attirent les visiteurs. Au sud, l'embarcadère vers la statue de la Liberté aligne en permanence ses queues interminables de touristes, tandis que le long de l'Hudson joggers et familles prennent le soleil et l'air du large. Au pied du World Financial Center, à l'ombre de la Freedom Tower, le port de plaisance de North Cove fait comme si New York n'était qu'un endroit parmi tant d'autres d'où partir en voilier...

Ci-dessus à gauche :
amarrés le long des quais de South Street Seaport, de vieux gréements font revivre le passé portuaire de New York au pied des gratte-ciel du quartier de Wall Street.

Ci-dessus à droite :
au pied de la Freedom Tower, Ground Zero est occupé par le September 11 Memorial. À l'emplacement des tours jumelles, deux bassins, où tombent des cascades, évoquent le vide qu'elles ont laissé. Tout autour, les noms des 2 983 victimes sont gravés sur les parapets.

Ci-dessus :
la très belle promenade des berges de l'Hudson part de Battery Park, à l'extrême sud de Manhattan, et rejoint Chelsea vers le nord. Particulièrement agréable dans le soleil de l'après-midi, elle longe la rivière et le port de plaisance de North Cove.

Ci-contre :
les school bus *jaunes, les bus scolaires, emmènent chaque jour des centaines de milliers d'écoliers new-yorkais à l'école, comme ils le font partout aux États-Unis.*

TRIBECA ET SOHO

New York adore les acronymes, tels TriBeCa pour TRIangle BElow CAnal ou SoHo pour SOuth of HOuston. Situés juste au nord de Ground Zero, ces deux quartiers sont devenus le repaire des yuppies, riches bobos héritiers des meilleures familles et jeunes financiers aux dents longues qui font fortune à Wall Street. Rien ne destinait pourtant cet endroit à un tel succès. Au XIXe siècle, la rive ouest de Manhattan concentre en effet l'activité portuaire et commerciale, depuis que les fermes de colons, les lotissements pour anciens esclaves noirs et les maisons bourgeoises ont été remplacés par de grands entrepôts en brique, bordant des rues pavées qui desservent les quais de l'Hudson. Grands magasins, théâtres et immeubles de bureaux complètent cette vocation marchande. C'est l'époque de l'apparition à New York des façades en fonte, les *cast iron buildings*, sortes de moulages préfabriqués aux styles les plus recherchés, qui multiplient les fenêtres sculptées, les colonnades et les frontons ornés. Certaines rues sont ainsi bordées de gracieuses enfilades néoclassiques laquées de blanc, de crème ou de gris. Dans les années 1960, le déclin du port sonne presque le glas de Tribeca, progressivement abandonné et de plus en plus mal famé. Les entrepôts sont initialement récupérés par des artistes qui y voient de superbes ateliers. Ils attirent aussi une clientèle nettement plus riche, qui les transforme en lofts branchés, *penthouses* au design très zen et hôtels de luxe. Leur rénovation, dans le respect absolu de leur architecture fonctionnelle, est l'une des plus belles réussites de la ville. Plus au nord, malgré ses magasins et ses théâtres, Soho a bien manqué, lui aussi, de disparaître, frappé par des incendies et le délabrement inexorable des immeubles. Là encore, il doit son salut aux artistes et aux galeristes qui ont investi les anciens commerces. Depuis, c'est devenu l'un des endroits les plus chers de la ville. Les gracieuses façades abritent désormais les boutiques les plus élégantes, telle celle du couturier italien Prada, aménagée dans un immeuble de style victorien par l'architecte Rem Koolhaas. Broadway, Prince, Greene, Spring et Broome Street représentent désormais le paradis des shoppeuses invétérées à la *Sex and the City*.

Le Cast Iron Historic District de Soho rassemble une très belle concentration d'immeubles à façade en fonte. Ici, sur Prince Street, on remarque clairement l'abondance de fenêtres, les jeux de colonnades, les ornementations moulées et la répétition des modules.

SHAFTWAY
OAKLEY
Perform Beautifully

WAITING ROOM
ALL BILLS MUST BE SETTLED BEFORE DAY OF FUNERAL
X-RAY RECEPTIONIST
WARNING

Ci-contre à gauche :
The Ear Inn*, sur Spring Street, est l'un des plus anciens bars de Soho.*

Ci-dessus :
Prince Street, au cœur de Soho, compte nombre de restaurants, bars et boutiques.

Ci-contre :
les réservoirs sur les toits sont une image typique de la ville. Ils fournissent l'eau aux immeubles de plus de six étages, quand la pression du réseau est insuffisante.

CHINATOWN ET LITTLE ITALY

Il faut quitter Canal Street et descendre le long d'Elizabeth ou de Mott Street pour pénétrer au cœur de Chinatown. Olfactif et sonore : le dépaysement est total. C'est une plongée dans un autre monde, exotique, coloré et bruissant d'une incessante activité. Idéogrammes, étals de fruits et de plantes étranges, effluves puissants des poissonneries, vapeurs de chop suey, canards laqués luisant sous les néons des vitrines, bazars colorés déversant leurs lots de faux jades et de porte-bonheur rouge vif... Le ton est à la Chine. Chinatown est une véritable ville dans la ville. Les Chinois de Manhattan seraient plus de 200 000. Ils grignotent peu à peu tout le sud-est du quartier, en raison de sa proximité avec le port et ses chantiers. Arrivés dans les années 1870 pour travailler dans les chemins de fer ou le commerce, ils avaient rejoint les immigrants irlandais et italiens qui s'étaient installés dans le quartier avant eux. À cette époque, ceux qui n'ont pas les moyens de poursuivre l'aventure vers le reste du Nouveau Monde s'entassent dans cette partie insalubre de Manhattan, se livrant à une guerre des gangs sans pitié et jetant les bases de la mafia new-yorkaise. Puis, à mesure que les familles irlandaises et italiennes améliorent leur condition, elles libèrent les logements délabrés où s'entassent toujours plus de Chinois. Fumeries d'opium et bordels se multiplient alors, prêtant à la zone au sud de Canal Street une réputation de plus en plus épouvantable. À partir de 1943, la loi sur l'immigration permet à des familles chinoises entières de s'installer. Dès lors, Chinatown explose. Le quartier chinois commence à déborder au nord de Canal Street, là où les Italiens avaient installé leur propre communauté, Little Italy. Aujourd'hui, seuls quelques restaurants et épiceries drapés dans les couleurs de l'Italie alignent encore parmesans, jambons et autres produits traditionnels. Mais ces quelques rues n'attirent plus guère que les touristes. Le nord du quartier, où se retrouvaient les parrains à la grande époque de la mafia sicilienne, durant une bonne partie du XXe siècle, est rebaptisé Nolita (North of Little Italy). Voué aux boutiques de mode et aux bars colorés, il attire désormais fashionistas et jeunes noctambules.

Avec l'immigration chinoise, tous les commerces traditionnels de Chinatown vendent divers produits alimentaires séchés, crevettes, fruits de mer, champignons, comme ici, mais aussi plantes et produits curatifs, des simples plantes médicinales aux plus contestables poudres de corne de rhinocéros.

Trident
水果
植物
1 磅 $16.99/lb
12 00/LB

Ci-dessus :
Little Italy se réduit à quelques portions de rues, autour de l'angle de Mulberry et Hester Street. Débordé par Chinatown, le quartier ne consiste plus guère qu'en une suite d'adresses gastronomiques : restaurants fréquentés par les touristes et épiceries de luxe.

Ci-dessus à gauche :
Chinatown compte des centaines de petits restaurants ou fast-foods asiatiques.
On y savoure à tout petit prix les spécialités des provinces d'origine des immigrants.

Ci-dessus à droite :
dans la partie la plus populaire de Chinatown, autour d'East Broadway, de minuscules commerces proposent une grande variété de services, de la coiffure à la manucure ou au massage, en passant par les paris ou les cartes téléphoniques.

LOWER EAST SIDE

Les jeunes New-Yorkais en goguette se retrouvent le long de Ludlow ou de Rivington Street, histoire de griller une cigarette sur le trottoir avant d'entrer dans l'un des innombrables bars qui peuplent désormais le Lower East Side (LES pour les New-Yorkais). Ils attaquent la nuit ici, entre boutiques de fripe vintage ou de *streetwear* en pointe et ateliers de nouveaux créateurs. Ils pratiquent la nostalgie en achetant les bonbons chimiques et colorés de leur enfance chez l'incontournable *Economy Candy* ou en écoutant le rock de leurs parents, et calent les petites faims de la nuit avec un *Reuben sandwich* de chez *Katz's Deli*. Dans le très branché LES, les clubs à la mode mélangent le design postindustriel à la récup moleskine et affiches pop. Ils se baptisent *Happy Ending*, *Arlene's Grocery* ou *Cake Shop*. Dans une débauche de décibels et de lumières ultra-tamisées, on y pratique un rock expérimental ou bien la fusion improbable des genres, entre salsa, punk et blues, ou entre bière, cocktails et tequila. Difficile d'imaginer que ces quelques rues hétéroclites, sauvées in extremis de la décrépitude et réhabilitées en repaire de la jeune branchitude, ont constitué jadis le cœur de l'ancien quartier juif. Il ne reste guère de ce laborieux passé que l'époustouflante synagogue d'Eldridge Street et les *tenements*, anciens logements surpeuplés, aujourd'hui transformés en musées. Ils évoquent les milliers de petits employés et commerçants, tâcherons besogneux qui s'entassaient dans d'obscurs ateliers de couture, ceux-là même qui ont lancé l'industrie de la confection à New York. Chassés d'Europe par les pogroms, les Juifs sont arrivés par vagues successives à la fin du XIXe siècle et ont réussi, à force d'opiniâtreté, à s'imposer comme l'une des premières composantes de la ville. Aujourd'hui, la plupart ont déserté le Lower East Side, ne laissant derrière eux que quelques boutiques de fourrures ou de tissus et les meilleurs *delis* de la ville, ces épiceries ashkénazes kasher où l'on achète saucisses, pastrami, poissons fumés, bagels et pickles aigres-doux. De nouveaux immigrants venus de Porto Rico les ont remplacés. Pour eux, le LES porte un autre nom, Loisada. L'ambiance devient exubérante, noyée du parfum des cigares, dont les Portoricains se font une spécialité.

Katz's Delicatessen *est une véritable institution new-yorkaise, typique de la cuisine juive d'Europe centrale. On y fait la queue pour commander une assiette de pastrami ou un* Reuben sandwich *et pour manger dans la grande salle au décor des années 1950. La scène mythique de l'orgasme simulé par Meg Ryan dans le film* Quand Harry rencontre Sally *y fut tournée en 1989.*

Pabst
Knickerbocker
LET US CATER YOUR PARTY!
PRESENTED BY THE EMPLOYEES OF
KATZ'S DELICATESSEN INC.
- TO -
HARRY TAROWSKY
BENJAMIN KATZ
LEONARD R. KATZ
ON THEIR 40TH ANNIVERSARY
BEST WISHES FOR CONTINUED SUCCESS
1917 – 1957
EST. 1888
KATZ'S DELICATESSEN
NewYork PRESS
KATZ'S DELI
Best Hot Dog
Best of Manhattan 94
SMILE!

Ci-dessus :
*Rivington Street, vue depuis la terrasse de l'*Hotel on Rivington*, est l'une des rues animées du Lower East Side, avec ses boutiques et ses restaurants. Vers l'ouest, on devine la silhouette des nouveaux immeubles de Soho.*

Ci-contre :
le quartier regorge de graffitis et de fresques murales, dans la grande tradition picturale portoricaine.

Ci-dessus :
*depuis 1937, sur Rivington Street, les rangées de bonbons et les bocaux de toutes les couleurs d'*Economy Candy *entretiennent les caries de générations de gourmands. On collectionne les petites boîtes en fer en forme de statue de la Liberté ou de pont de Brooklyn, les* jelly beans *de toutes les couleurs et les saveurs improbables, barbe à papa,* bubble gum *ou cannelle !*

GREENWICH VILLAGE

Un arc de triomphe imposant marque l'entrée de Washington Square Park, tout en bas de la fameuse 5th Avenue. Juste derrière, le bruissement de la grande fontaine s'entend à peine, noyé dans l'incessant tintamarre du parc, entre meetings pacifiques et concerts improvisés. À l'ombre de la prestigieuse NYU, la New York University, le parc rassemble étudiants, familles ou touristes venus chercher le souvenir du New York bohème et avant-gardiste du début du XXe siècle. Chanteurs de blues ou de rock, quartets classiques ou de jazz, clowns de rue, mimes, poètes patentés ou acteurs improvisés animent à longueur d'année ce qui fut le cœur du Village, un quartier qui reste unique à New York. Au sud et à l'ouest du parc, jusqu'aux berges de l'Hudson, le plan de la ville relâche son étau. Les rues bordées de maisons de brique s'incurvent et lancent des voies de traverse, certaines encore pavées, à l'image de celles des villages d'antan. Les lignes des façades s'adoucissent derrière les arbres couverts de fleurs au printemps et mangés de jaune vif en automne. Leurs boutiques rivalisent de style ou d'originalité, entre design chic et baba choc. C'est ici que l'on trouve les bars et clubs fameux, *Village Vanguard, Bitter End, Back Fence*... d'où émergèrent les Charlie Parker, Joan Baez ou Bob Dylan... Le cœur historique du quartier ne date en réalité que des années 1820, quand il fut loti et aménagé sur d'anciennes terres agricoles. D'abord occupé par des familles bourgeoises qui y construisent de discrètes maisons de ville, Greenwich Village aurait pu rester un simple quartier résidentiel calme. Mais l'immigration galopante qui déborde sans cesse du sud de Manhattan y amène Juifs, Italiens ou Afro-Américains et repousse la bonne société plus au nord. Les loyers qui dégringolent ouvrent la porte, au début du XXe siècle, aux artistes fauchés. Il est alors bien vu de se retrouver entre intellectuels et progressistes pour refaire le monde dans les bars enfumés ou les salons des écrivains désargentés du quartier. Durant l'entre-deux-guerres, à la faveur de ce formidable patchwork idéologique et artistique, le Village voit la naissance de tous les courants de contestation. Dans ce formidable creuset culturel se distinguent, au fil du siècle, Dylan Thomas, John Dos Passos, Marcel Duchamp, John Steinbeck ou Jack Kerouac. Écrivains, peintres, poètes, politiques et musiciens, Noirs ou Blancs se retrouvent

Dans les rues tranquilles de Greenwich Village, les immeubles affichent des hauteurs modestes, adoucies par des trottoirs plantés d'acacias, de cerisiers ou de pruniers du Japon. La succession des saisons, les fleurs du printemps, l'ombre de l'été et l'or de l'automne font oublier que l'on est en pleine ville.

NYC TAXI

Ci-dessus et ci-contre :
Washington Square Park est le rendez-vous des étudiants de la New York University et des musiciens de rue.

Ci-contre à droite :
au sud-ouest de Washington Square Park, MacDougal Street aligne les restaurants et les cafés abordables. Sous les arbres, les trottoirs se couvrent de tables, et on y mange en terrasse, italien, japonais, indien ou même… américain et, pourquoi pas, beaucoup plus cher, français.

PASTA PRESTO GRILL
PASTA PRESTO GRILL
Sushi
Sushi
TATTOO II
Monte's 97
11.95
SOUP OR SALAD
FETTUCINE ALFREDO

là, dans une effervescence joyeuse et rebelle qui se prolonge jusqu'à la révolution beatnik et aux grandes manifestations des années 1960. C'est là que se menèrent les grandes luttes sociales, pour les droits civiques des Noirs ou des gays. Parmi ces dernières, les célèbres Stonewall riots furent des émeutes très dures dans la lutte pour la reconnaissance des homosexuels. Mais tant de célébrité n'a pas manqué de transformer le vieux village anticonformiste, même s'il garde son atmosphère fantaisiste et insouciante. Devenu *trendy*, le Village est désormais hors de prix. Les entrepôts et les abattoirs du Meatpacking District qui se concentraient le long de l'Hudson ont dû céder devant la loi du marché et les pelleteuses. Les bistrots, qui avaient gardé une allure de boucherie derrière leur comptoir patiné, ont laissé la place aux boutiques des grands couturiers et aux boîtes branchées. Dernier avatar d'une renaissance futuriste, le superbe écrin vitré du futur Whitney Museum of American Art sortira des cartons de Renzo Piano en 2015. Ouvert sur l'Hudson, il assurera le lien entre le Village et la coulée verte de la High Line.

Ci-dessus à gauche :
Bleecker Street, au sud de Washington Square Park, est réputée pour ses bars et ses clubs de blues ou de jazz.

Ci-dessus :
si les boutiques de mode ou de déco envahissent de plus en plus le Village, certaines rues conservent les commerces de la période bohème : un sex-shop côtoie un marchand d'instruments de musique rares ou une cantine mexicaine.

Ci-dessus :
Sheridan Square et Christopher Street, dans le Village, sont des hauts lieux de la culture gay à New York. C'est là que, le 28 juin 1969, eurent lieu les Stonewall riots *: cette violente manifestation pour revendiquer les droits des homosexuels marqua le début de l'activisme gay.*
En juin 1970, la première Gay Pride *est lancée pour commémorer ces émeutes.*

EAST VILLAGE

La balade le long de St Marks Place file vers Tompkins Park, entre les échoppes baba cool, les salons de tatouage, les cafés bio et les effluves d'encens. Elle convoque le souvenir des années 1950 et 1960, quand le site est investi par les artistes et les musiciens : ils apprécient les loyers bas et la virginité culturelle de ce quartier ouvrier qui appartient alors au Lower East Side. C'est la grande époque de la contre-culture, de la rébellion et de l'anticonformisme. Les stars de l'endroit se nomment Allen Ginsberg, poète *beat*, ou Thelonious Monk, l'un des pères du jazz moderne. L'air est à la contestation contre l'embourgeoisement général de la société. On surnomme le quartier East Village, par opposition au West Village, à l'intellectualisme devenu un poil trop conventionnel. Tompkins Park s'illustre par ses célébrissimes *sit in* contre la guerre du Vietnam ou en faveur des minorités opprimées, et par les consommations illicites qui y atteignent un niveau unique et préoccupant. L'effervescence new-yorkaise des années 1970 est à son comble dans l'East Village, sous les lumières fatiguées de clubs légendaires, *CBGB* ou *Fillmore East*. On y croise Andy Warhol, Robert Mapplethorpe ou Jean-Michel Basquiat. Toutes les légendes musicales de l'époque s'y produisent, tels Jimi Hendrix, les Grateful Dead, les Who ou le Velvet Underground. C'est ici que naît le mouvement punk-rock américain des Ramones ou de Patti Smith... Pourtant, au XIXᵉ siècle, l'histoire de ce quartier a commencé sous un jour plus pastoral. Les terres de l'une des plus belles fermes de Manhattan, celle du Hollandais Peter Stuyvesant, sont loties pour accueillir les élégantes demeures de la haute bourgeoisie. Les grandes familles locales s'y installent et multiplient les théâtres et les écoles. Mais la pression de l'immigration, qui déborde peu à peu des quartiers sud, les chasse bientôt vers le nord. Ils sont aussitôt remplacés, au tournant du XXᵉ siècle, par des immigrés ukrainiens, allemands et polonais, très pauvres pour la plupart. Ce quartier très populaire n'a changé radicalement qu'avec l'arrivée des beatniks et l'intense consommation de stupéfiants. Tompkins Park se clochardise et les bars louches se multiplient, sur fond de trafics en tout genre et de batailles de gangs. Le renouveau d'East Village et sa boboïsation progressive ne datent que des années 1990, après l'évacuation par la police de Tompkins Park, et du boom immobilier des années 2000.

Conçu en 2009 par l'architecte Thom Mayne, cet édifice futuriste est l'annexe du Cooper Union, une école d'arts appliqués. Fondée par Peter Cooper, un industriel issu d'un milieu populaire, elle dispensait des cours gratuits sans discrimination de race, de sexe ou de religion.

BILLY'S
ANTIQUES & PROPS

Ci-dessus :
les trucks*, très populaires dans tout New York, sont des camionnettes aménagées en fast-foods de tous types ; ici, celui du restaurant* Mudspot *dans East Village.*

Ci-contre à gauche et à droite :
l'identité rebelle d'East Village et son rôle dans la naissance du mouvement punk sont encore visibles dans les rues.

LA STATUE DE LA LIBERTÉ

Vue depuis la pointe sud de Manhattan, la silhouette du plus célèbre emblème new-yorkais, saluant les bateaux d'un bras gracile, paraît bien petite. La statue de la *Liberté éclairant le monde* mesure pourtant 46 mètres de haut, 93 mètres avec son socle. Mais l'îlot qui la porte s'étend à 2,5 kilomètres du rivage, ce qui en fausse toutes les proportions. Il faut se tenir à ses pieds pour mesurer l'ampleur de l'ouvrage, une ossature métallique de 125 tonnes fabriquée par Gustave Eiffel et recouverte de 300 plaques de cuivre. L'ensemble fut construit en France en 1884, sous l'égide du sculpteur alsacien Frédéric Bartholdi, puis démonté pour être acheminé vers la baie de New York et remonté sur place en 1886. Conçue comme un hommage à l'amitié franco-américaine après le centenaire de la révolution américaine et l'abolition de l'esclavage, la grande dame verte – son visage représente, dit-on, les traits de la mère du sculpteur – constitue un symbole idéal de la Liberté, à l'entrée du Nouveau Monde.

MIDTOWN

Des lumières de Broadway et de la cacophonie de Times Square au calme élégant de Gramercy Park, Midtown offre un raccourci de New York. On y découvre les édifices les plus emblématiques de la Grosse Pomme, l'Empire State ou le Chrysler Building, le siège des Nations Unies ou le Rockefeller Center, mais aussi deux des parcs les plus attachants, Madison Square et Bryant Park.

CHELSEA

En constante mutation, ce quartier hétéroclite résume à la perfection l'évolution sociale et architecturale de la ville. Bordé à l'ouest par les quais de l'Hudson où les joggers courent dans le vent marin, Chelsea conserve une bonne partie de son identité portuaire, même si les grands navires se font de plus en plus rares. Au sud, le Chelsea Market est l'un des endroits les plus surprenants du quartier : cette galerie gastronomique et marchande est astucieusement installée dans une ancienne fabrique de biscuits. C'est le parfait exemple de l'ingéniosité new-yorkaise, qui s'approprie les sites les plus improbables pour en faire des temples de la déco postindustrielle : gaines d'aération, tuyaux rouillés et briques fatiguées composent un cadre au charme inattendu, à contempler en savourant un *clam chowder*, un *lobster roll* ou un *cupcake*. Plus au nord, le Chelsea Historic District offre un contraste criant, avec ses rues bordées de hautes maisons en brique noyées sous les glycines. Ce cadre bucolique rappelle que Chelsea fut un temps occupé par de riches familles, avant que le chemin de fer qui longe l'Hudson et le développement du port n'imposent au quartier un profil industriel. Rescapé de cette parenthèse bourgeoise, c'est un îlot intemporel, presque oublié du trafic incessant qui agite la ville. Tous les environs portent à l'opposé la mémoire d'un passé populaire, des grands magasins qui rythment la 6th Avenue aux anciens théâtres et hôtels de la 23th Street. Le *Chelsea Hotel*, par exemple, accueillit dans ses murs tout ce qui comptait dans le monde culturel, de Tennessee Williams ou Arthur Miller à Andy Warhol, Jasper Johns ou Willem de Kooning, avant de finir dans les mains d'un promoteur immobilier en 2011. Dylan Thomas s'y noya dans l'alcool, Jack Kerouac y écrivit *Sur la route*, Patti Smith y vécut des amours agitées avec Robert Mapplethorpe... Mais comme ailleurs à New York, la roue tourne. À quelques encablures des demeures surannées et des avenues commerçantes, le futur s'est déjà insinué subrepticement, sans même changer grand-chose à l'architecture industrielle. Les rangées d'entrepôts délaissés lors du déclin du port ont constitué des ateliers de rêve pour les artistes toujours plus

Depuis le déclin du port de New York, les bords de l'Hudson ne reçoivent plus que quelques navires de croisière. La plupart des entrepôts abandonnés ont été rasés ou réhabilités et les quais réaménagés pour accueillir des espaces de loisirs. On peut désormais longer la rivière par une agréable promenade et par des pistes cyclables qui offrent une vue dégagée sur l'autre rive et les gratte-ciel du New Jersey.

Ci-dessus et ci-contre :
la spacieuse 10th Avenue et les espaces dégagés sur la 11th Avenue ont laissé la place aux réalisations architecturales de Frank Gehry, à l'IAC Building (ci-contre, premier plan), ou de Jean Nouvel, au 100 11th Avenue (ci-contre, au second plan).

Ci-dessus :
le Chelsea Market, installé dans l'ancienne usine des biscuits Oreo, se présente comme une « rue » à l'intérieur du bâtiment. La structure et l'esprit industriel ont été conservés et mis en valeur.

nombreux qui ne cessent de chercher inspiration et fortune à New York. Profitant de l'insolente santé du marché de l'art new-yorkais, les quelques rues proches de l'Hudson, entre les 24th et 26th Streets, sont tellement envahies par les galeries qu'elles y ont gagné l'appellation de Gallery District. Les plus grands galeristes s'y disputent les mètres carrés, tels Gagosian, Pace ou Mary Boone. Sur cinq ou six étages, les anciens immeubles industriels se sont transformés en espaces lumineux, colonisés par les expositions et les ateliers, pour former une sorte de gigantesque musée informel de la création contemporaine. Face aux quais de l'Hudson, les immeubles interlopes et longtemps malfamés laissent peu à peu le champ libre aux innovations architecturales les plus inattendues, rompant avec la rectitude et les profils tirés au cordeau qu'on associe à New York. Depuis le renouveau qui a suivi le 11 septembre, la ville se livre en effet à des projets plus audacieux. À Chelsea, la juxtaposition de l'IAC Building (2007) de Frank Gehry et de l'immeuble 100 11th Avenue (2009) de Jean Nouvel en est un exemple édifiant.

LE LONG DE LA HIGH LINE

N'importe quel New-Yorkais vous le dira, la High Line est LE grand succès de ce début de millénaire. Cette longue promenade plantée bourrée de charme est devenue l'un des incontournables de la ville et la destination de toutes les flâneries dominicales. Elle suit le parcours de l'ancien chemin de fer aérien et illustre la manière dont la ville a su se réapproprier ses friches industrielles. Difficile d'imaginer aujourd'hui à quel point le pari semblait fou lorsqu'il fut lancé en 1999. Définitivement abandonnée en 1980, la voie aérienne datant de 1934 était en effet vouée à la démolition pour libérer des terrains constructibles. Mais un groupe de riverains et de militants eut l'idée de la récupérer pour en faire un parc suspendu, inspiré par la Coulée verte du quartier Bastille, à Paris, et qui traverserait une zone de plus de 250 abattoirs et grossistes en viande, d'entrepôts désaffectés et de rues plus ou moins clochardisées. Le projet ne fut finalement lancé qu'en 2006. Une première portion, inaugurée en 2009 jusqu'à la 20th Street, fut suivie de la seconde en 2011. L'ambition affichée aujourd'hui est de prolonger à terme la promenade jusqu'à la 33rd Street en contournant l'immense gare de triage qui jouxte la rivière, en un dernier clin d'œil au New York industriel. La High Line court ainsi du Meatpacking District, à l'extrémité nord du Village, au nord de Chelsea, passant en chemin par les réalisations architecturales de Frank Gehry à l'IAC Building, de Jean Nouvel au 100 11th Avenue, ou du Californien Neil Denari au HL23 (2010). De Gansevoort Street à la 30th Street, la balade serpente parallèlement à l'Hudson, enjambe les rues, se faufile entre les immeubles. On jette subrepticement un œil indiscret ici ou là, dans les appartements qui la bordent. Filant dans une végétation tantôt folle tantôt zen, les rails rouillés continuent en direction du nord, ponctués ici de bancs de pierre, là de chaises longues au profil géométrique, ailleurs d'un tunnel où résonnent souvent les gammes d'un musicien de rue. On y vient pour se faire voir, pour bronzer, pour voir le soleil se coucher sur la rivière et le New Jersey en face, pour boire un verre ou pour marcher. On y vient aussi pour remonter le fil de la ville et vérifier comment elle se porte, admirer les nouveaux immeubles, contrôler l'avancée des projets dont on pourra débattre...

Page de droite :
tout le long de la High Line, des espaces variés offrent un regard différent sur la ville, comme, ici, le 10th Avenue Square, où des gradins et une large baie vitrée permettent au promeneur de contempler d'en haut le trafic sur l'avenue.

Double-page suivante :
le Diller-Von Furstenberg Sundeck & Water Feature propose des chaises longues pour prendre le soleil devant l'Hudson et un jeu d'eau rafraîchissant.

D'UNION SQUARE À MADISON SQUARE

Malgré sa forêt de gratte-ciel et ses rues soigneusement ordonnées, New York est une ville très verte. Trottoirs à l'ombre des arbres, places joliment plantées et innombrables petits parcs ouvrent largement les bras à la végétation. Les squares de New York ont tous une personnalité différente. Union Square, le plus méridional de Midtown, est peut-être le plus atypique. Vibrant, urbain et très fréquenté en raison des bus et des métros qui s'y croisent, il se transforme quatre jours par semaine en un surprenant marché fermier. Portés par la mode locavore et bio qui fait toujours plus d'adeptes à New York, les producteurs des environs y présentent fruits, légumes, fromages, charcuteries ou pâtisseries, dans un fouillis coloré qui contraste avec l'architecture imposante des alentours. Artistes en mal de reconnaissance, marchands de tee-shirts contestataires ou de bricoles baba cool s'intercalent entre les stands, où l'on savoure l'un de ces snacks *fusion* dont la gastronomie de la Grosse Pomme a le secret. Dans le passé, Union Square occupait le centre d'un quartier commerçant particulièrement élégant. Au XIXe siècle, la portion de Broadway qui remonte du square vers le nord était appelée *Ladies' Mile*. Les enseignes les plus prestigieuses y tenaient leur rang, parmi lesquelles *Brooks Brothers* ou *Tiffany's*. Union Square lui-même accueillait toutes les grandes manifestations, comme en 1927, celle qui suivit la condamnation de Sacco et Vanzetti. Au nord-est de Union Square et cerné de hautes grilles, Gramercy Park offre une tout autre atmosphère. Rien de bruyant ni de voyant, juste de sages enfilades de maisons anciennes, ornées pour certaines de balcons en fer délicatement forgé. Le voisinage s'y fait discrètement élitiste, entre hôtels de grand luxe, manoirs de style éclectique et clubs d'art ou de théâtre, qui comptent parmi leurs membres la fine fleur du monde du cinéma, comme Martin Scorcese ou Robert Redford. Preuve de l'élégance du voisinage, c'est à deux pas de là que vivait au XIXe siècle la famille Roosevelt dont l'un des fils, Theodore, fut le vingt-sixième président des États-Unis de 1901 à 1909. Différent, Madison Square se présente comme une conjugaison des deux espaces précédents : une animation populaire au fil d'allées ponctuées de statues et délicieusement ombragées, le tout sous l'impassible surveillance du Flatiron Building.

L'étrave finement ouvragée du Flatiron Building, construit en 1902, occupe le croisement de Broadway et de la 5th Avenue. Au sommet, à 87 mètres de haut, sa largeur n'excède pas 1,80 mètre. C'est un superbe exemple de façade en fonte, avec ses nombreuses fenêtres et la répétition du décor moulé.

Jusqu'en 1925, le site servait de terrain d'entraînement à l'un des plus célèbres clubs de baseball américain, les New York Knickerbockers, qui logeait sur le côté nord du parc. S'il a perdu sa vocation sportive, Madison Square n'en reste pas moins une oasis au cœur de la ville, peuplée d'innombrables écureuils si amicaux qu'ils n'hésitent pas à vous taper sur l'épaule ou à vous grimper aux jambes pour mendier quelques miettes. Le kiosque qui occupe le centre du parc est le meilleur endroit de la ville pour manger un hamburger en regardant passer les chiens. Car voici l'autre particularité de Madison Square : son *dog corner*, un enclos aménagé où maîtres et canins se donnent rendez-vous, les uns pour draguer, les autres pour se renifler. Une occasion pour les anthropologues en herbe d'observer les signes extérieurs de richesse du toutou new-yorkais, qui porte du collier endiamanté au sweat-shirt griffé, en passant par les boots de marque, les lunettes de soleil ou la poussette rembourrée...

Ci-dessus et page de droite en bas : Union Square est l'une des places les plus animées de New York, en raison de l'importance de sa station de métro et de sa position centrale dans la ville. Le week-end, de nombreux artistes, peintres, photographes, artisans et marchands de tee-shirts occupent la moitié sud du square.

Ci-dessus :
le kiosque à burgers de Madison Square Park est l'une des adresses les plus prisées de New York et la queue pour se faire servir est impressionnante ! Il ne reste plus qu'à se régaler à l'ombre des grands arbres du parc.

Ci-dessus et ci-contre à gauche : quatre jours par semaine, Union Square accueille le Green Market, un marché bio qui rassemble les producteurs des environs de New York.

Ci contre, à droite : Madison Square Park s'étend au bord de la 5th Avenue. En regardant vers le nord, on a une très belle vue sur l'Empire State Building.

DWIN BOOTH
1833 1893

EAST MIDTOWN

Au XIXe siècle, le parrainage des plus influentes familles new-yorkaises permit de développer les pentes douces de Murray Hill, la colline qui occupe le sud du quartier. Caroline Astor, reine de la bonne société, donnait des fêtes étourdissantes dans sa demeure de la 33rd Street. Un peu plus au nord, sur Park Avenue, l'un des hôtels particuliers que la famille construisit en 1931 est devenu le *Waldorf-Astoria*, palace mythique entre tous. Les mêmes Astor fondèrent un autre hôtel célèbre, le *St Regis*, où Marilyn Monroe séjournera plus tard avec son époux du moment Joe DiMaggio. Sur Madison Avenue, le richissime financier J.P. Morgan, collectionneur émérite, légua son palais et ses collections pour en faire la Morgan Library, l'un des plus passionnants musées de New York. Mais, en dépit de ce profil grand bourgeois, le quartier a bien failli disparaître, mangé par l'énorme réseau ferroviaire qui parcourait l'est de la ville dans des crachats de fumée noire et pestilentielle. En 1871, les Vanderbilt, magnats des chemins de fer, décidaient de la construction d'une grande gare au niveau de la 42nd Street. Ce sera Grand Central Station. Puis, très vite, ils financèrent l'enfouissement des voies, créant Park et Madison Avenues sur les espaces libérés et gagnant encore plus d'argent en lotissant les terrains ! Le nouveau quartier s'offrait aux tout nouveaux gratte-ciel qui commençaient à envahir New York à partir du début du XXe siècle. En symbole de cette architecture révolutionnaire à la gloire de la technologie et de la modernité, on construit bientôt le Chanin Building (1928), le Chrysler Building (1930) et sa rutilante carrosserie Art déco, toujours inégalée, ou le Mobil Building et son revêtement d'acier martelé (1955). Sur les bords de l'East River, quand l'ONU fut créée en 1945 et New York désignée comme son siège, c'est encore l'un des magnats locaux, John D. Rockefeller, qui fit don des terrains pour accueillir le siège de l'institution (1950-1952), sortant le territoire ainsi déterminé de la juridiction américaine. La présence des Nations Unies vaut à East Midtown une importante population internationale de diplomates et de journalistes.

La salle des pas perdus de Grand Central Station est immense. La hauteur de sa voûte est celle d'un immeuble de douze étages ! Au centre, le petit kiosque surmonté d'une horloge sert de point de rendez-vous à des milliers d'usagers. La gare ne sert plus aujourd'hui qu'aux trains régionaux.

INFORMATION
INFORMATION
Information

Ci-dessus :
depuis Park Avenue South, la perspective est très belle sur les façades de Grand Central Station et du Met Life Building, juste derrière.

Ci-contre à droite et à gauche :
le Chrysler Building est un joyau de l'Art déco new-yorkais, entièrement à la gloire de la marque automobile, avec son décor évoquant calandres et ornements de capot. Le hall d'entrée revêtu de marbre multicolore reprend les motifs Art déco jusque sur les portes des ascenseurs.

Pepsi-Cola
ISLAND

WEST MIDTOWN

Autant les bords de l'East River semblent voués au sérieux des affaires internationales, autant l'ouest de Midtown joue la carte du shopping, de la culture et des loisirs populaires. Calé entre l'Hudson à l'ouest et la 5th Avenue à l'est, le quartier est immense, bruyant et varié, de la haute silhouette de l'Empire State au sud, aux frondaisons de Central Park au nord. Percé en diagonale par Broadway qui s'y pare de tous les néons de la création, c'est une ode au spectacle, celui des théâtres et des comédies musicales et celui de la rue, entre vitrines rutilantes, flots de taxis hurlant à pleins klaxons et hordes de passants toujours pressés. À l'épicentre, sur Times Square, la tête vous tourne, sollicitée par mille lumières qui semblent ne jamais vouloir s'éteindre. Publicités opulentes, pendules aux heures du monde, affiches de cinéma, enseignes multicolores, news et cours de la Bourse se déversent en permanence en clignotements violents auxquels la nuit donne des reflets vertigineux. Tout autour, les grands axes sillonnant le quartier attirent les *shopping addicts* du monde entier qui se pressent devant les vitrines de *Macy's*, au cœur de l'ancien fief de la confection, ou celles des boutiques chic de la 5th Avenue. L'ensemble du quartier est un kaléidoscope permanent, alternant selon les rues accessoiristes chinois, petits restos coréens, luthiers et marchands de partitions ou grandes enseignes internationales. Une courte portion de la 47th Street filtre à elle seule 90 % du marché diamantaire de tous les États-Unis, derrière une vingtaine de devantures qui scintillent plus qu'un arbre de Noël ! Ailleurs, West Midtown joue une élégance plus raffinée. La Public Library, par exemple, abrite sous ses marbres grandioses une incroyable collection de livres rares. Tout près, c'est le charme d'une pause thé sous les arbres de Bryant Park, dans des chaises pliantes au profil *so french*, ou, un peu plus loin, une escale au MoMA, Mecque absolue de l'art moderne. West Midtown, c'est aussi le New York conquérant de John Rockefeller, qui rêvait d'ériger une ville idéale, un témoin titanesque des progrès de l'industrie, de l'art et de la civilisation. Pour matérialiser son rêve, il bâtit un ensemble stupéfiant de treize immeubles organisés autour d'une plaza centrale qui forme le second pôle majeur de West Midtown. Construit au sortir de la Grande Dépression, son Rockefeller Center s'est même complété de sept bâtiments supplémentaires, en 1947 puis en 1973.

Double-page précédente :
la skyline d'East Midtown vue depuis l'East River.

Page de droite :
au point de rencontre de la 7th Avenue et de Broadway, Times Square n'est qu'un empilement de néons multicolores, d'affiches de comédies musicales et d'enseignes clignotantes. C'est en début de soirée, quand la nuit tombe et quand les taxis jaunes passent en flots bruyants, que le kaléidoscope géant est le plus impressionnant.

The Metropolitan Opera
NINJA ASSASSIN
FEAR NOT THE WEAPON
BUT THE HAND THAT WIELDS IT.
NOV 25TH
PALACE
WEST SIDE STORY
BROADWAY'S SURE THING
CHICAGO
McDonald's
Restaurant
OPEN 24 HOURS
JERSEY BOYS
Tonight belongs to...
PHANTOM
SOUTH PACIFIC
WICKED
"IT WILL BLOW YOU AWAY!"
sbarro
GIFTS
TAXI
$2.50 INITIAL FARE

Ci-dessus à gauche :
au pied du General Electric Building, la plus haute tour du Rockefeller Center, la Rockefeller Plaza se pare d'une statue dorée de Prométhée. *C'est là qu'on installe, en décembre, une patinoire et un immense arbre de Noël.*

Ci-contre, à gauche :
sur la 5th Avenue, face au Rockefeller Center, la cathédrale St Patrick est l'une des plus grandes du monde, même si elle semble rétrécie par les gratte-ciel voisins.

Ci-dessus à gauche :
à côté des grandes enseignes de la mode, la 5th Avenue concentre aussi les adresses de prestige et les vitrines de luxe.

Ci-dessus à droite :
le grand magasin Macy's *s'est longtemps vanté d'être le plus grand du monde. Même si ce n'est plus le cas, c'est toujours une institution new-yorkaise, réputée pour le défilé qu'elle organise pour Thanksgiving, pour ses vitrines de Noël ou pour sa gigantesque exposition florale du printemps.*

Ci-dessus à gauche :
la New York Public Library, ouverte en 1911, doit son existence à des dons privés. L'édifice adopte le style Beaux-Arts, très en vogue à New York au début du xxe siècle. Elle compte plus de 50 millions de livres et documents.

Ci-dessus à droite :
Bryant Park, qui s'étend à l'arrière de la New York Public Library, est l'un des jardins les plus agréables de la ville pour pique-niquer en été. L'hiver, il s'équipe d'un marché de Noël et d'une patinoire.

Ci-dessus à droite :
dans le jardin intérieur du MoMA, La Rivière, *créée initialement en 1938, est l'œuvre du sculpteur Aristide Maillol.*

Ci-contre :
le MoMA, Museum of Modern Art, présente des expositions prestigieuses.

Double-page suivante :
la terrasse du Top of the Rock, au sommet du General Electric Building, est la plus élevée de New York.

Ci-dessus :
boire un verre sur le toit d'un gratte-ciel est un plaisir très couru à New York.

Ci-contre à gauche :
construit au bord de Bryant Park en 1924 pour l'American Radiator and Standard Sanitary Company, l'American Standard Building fut longtemps surnommé le Radiator Building. C'est aujourd'hui un hôtel de luxe.

Ci-contre à droite :
le Plaza Hotel, *sur la 5th Avenue face à Central Park, date de 1907 et revendique le style* French Renaissance.

EMPIRE STATE BUILDING

Conçu en 1929, au moment où le monde s'enfonçait dans la Grande Dépression, ce gratte-ciel de 381 mètres de haut aurait pu ne jamais voir le jour, si on l'avait abandonné comme tant d'autres projets moins ambitieux. Ce fut tout le contraire. On mena le chantier tambour battant. Le prodige architectural fut achevé en un an et 45 jours (en avance sur le calendrier prévisionnel), au rythme difficilement croyable de quatre étages par semaine ! Son inauguration, le 1er mai 1931, fut un pied de nez au pessimisme et salua le labeur des quelque 4 000 ouvriers qui étaient venus y travailler quotidiennement, même le dimanche. L'armature d'acier pèse à elle seule 60 000 tonnes, sans parler des 200 000 tonnes de pierre et des 10 millions de briques nécessaires à la structure. Dès 1933, l'immeuble entre dans la légende grâce au film *King Kong*, quand le gorille traqué y dépose délicatement l'héroïne. L'observatoire du 86e étage offre l'un des plus beaux panoramas sur New York et les canyons de gratte-ciel de Downtown.

UPTOWN

Autour de l'immense trouée verte de Central Park, le patchwork des quartiers renvoie l'image éternelle de la ville, une juxtaposition des milieux et des cultures. Élégant et compassé à l'est du parc, intello chic à l'ouest, de plus en plus bobo à Harlem. Ici et là, des enclaves latinos rythment cet ordonnancement, au Barrio d'East Harlem ou à Washington Heights.

CENTRAL PARK

Vu du ciel ou du haut du Rockefeller Center, Central Park se présente comme un immense rectangle vert bordé de gratte-ciel sagement alignés au cordeau. Ponctué de collines et d'étangs et domestiqué près des avenues, le parc devient presque sauvage dès que l'on se perd à l'écart des allées principales ou qu'on le parcourt vers le nord. Malgré le prix exorbitant de l'immobilier à New York, personne ne songerait à réduire la surface de Central Park, tant il est devenu l'un des cœurs de la ville. Dans les jours qui ont suivi le traumatisme du 11 septembre, c'est là que les New-Yorkais se retrouvaient chaque soir, voire chaque nuit, pour communier à la lueur des chandelles dans une curieuse psychothérapie collective. Impeccablement entretenu malgré sa superficie impressionnante – 341 hectares, environ 4 kilomètres de long pour 800 mètres de large –, le parc accueille plus de 20 millions de personnes chaque année, dont beaucoup de New-Yorkais. On vient y bronzer dès les premiers beaux jours, on y fait du sport, on y danse en rollers, on y promène les enfants et les chiens, on lit, on drague, on rêve, on court... Son allure si naturelle est pourtant le résultat d'une planification et d'une création parfaitement pensées et maîtrisées. L'idée de Central Park est née au milieu du XIXe siècle. Elle est inspirée de ce qui se faisait en Europe pour appliquer aux grandes villes la mode hygiéniste. Dans une cité à la croissance galopante, un grand espace vert, où pourraient se distraire les masses, correspondait tout à fait à la morale sociale de l'époque. Mettre le projet en œuvre fut une tout autre affaire ! Le problème ne venait pas tant du terrain, encore abondant à l'époque, que de sa mise en valeur. La zone, qui alternait des marais insalubres et de gros amas rocheux inexploitables, servait de refuge à une population de marginaux sans abri. Il fallut plus de vingt ans et un chantier de titans pour donner au parc le profil souhaité par ses deux architectes : une reproduction idéale des paysages de la vallée de l'Hudson. On fit sauter 300 000 tonnes de rochers, on draina les marécages, on apporta trois millions de mètres cubes de terre, on créa des étangs, des avenues... Central Park a souvent servi de décor au cinéma, par exemple pour la course haletante de Dustin Hoffman autour du *Reservoir*, dans *Marathon Man*, ou pour les interminables dialogues des films de Woody Allen.

Malgré son allure naturelle, Central Park est soigneusement paysagé. Outre les rangées de cerisiers du Japon, dont la floraison illumine le mois de mai, de très nombreux arbres à fleurs ont été plantés, tels le cornouiller à grandes fleurs ou le magnolia.

Ci-dessus :
Bow Bridge enjambe les eaux du grand lac central où l'on peut louer des barques. Fabriqué en fonte au milieu du XIXe siècle, ce pont romantique est le deuxième plus ancien des États-Unis et l'un des sites préférés des photographes de mariage.

Ci-dessus à gauche et à droite :
la Wollman Rink est une patinoire populaire, créée en 1949. Sa célébrité internationale remonte à 1970, quand elle a servi de cadre à l'une des scènes du film Love Story.

Double-page suivante :
Central Park est sillonné de sentiers empruntés par les coureurs, comme ici, le long du Reservoir, *le plus vaste plan d'eau du parc.*

NO DOGS
NO BIKE
NO CARRIAGES

Ci-dessus :
le Metropolitan Museum of Art est construit dans Central Park, au bord de la 5th Avenue, face à la 82nd Street.

Ci-contre à gauche :
Strawberry Fields, à l'ouest de Central Park, est un mémorial dédié à John Lennon, face à la 72nd Street, où il vivait et fut assassiné en 1980.

UPPER WEST SIDE ET MORNINGSIDE

Gardé au sud par le prestigieux ensemble culturel du Lincoln Center et au nord par la Columbia University, l'Upper West Side se présente tout naturellement comme le quartier des intellectuels, qui en apprécient le calme et l'élégance discrète, les bars cosy et les clubs de jazz. De fait, si la proximité de Central Park lui a valu la construction de belles maisons bourgeoises, la partie occidentale d'Uptown n'a jamais versé dans le chic ostentatoire ou compassé. Dans l'Upper West Side, on est sérieusement cultivé sans pour autant se prendre (trop) au sérieux. Peut-être est-ce à cause du destin longtemps fluctuant de cette partie de la ville. Du temps où Broadway n'était qu'un chemin vicinal menant au village d'Harlem et desservant quelques fermes, le seul destin des terrains à vendre semblait être en effet d'accueillir les résidences secondaires des riches de Downtown. C'est la construction du chemin de fer aérien, à la fin du XIXe siècle, puis l'arrivée du métro, qui donneront au quartier un profil nettement plus cosmopolite. Les immeubles et les rangées de hautes maisons en grès brun, les *brownstones*, poussent alors entre les belles demeures, attirant la classe moyenne et une population moins favorisée. Une importante communauté afro-américaine colonise la partie méridionale, tandis que nombre de Juifs venus d'Europe s'installent un peu plus au nord, où ils goûtent un calme encore provincial. L'offre culturelle du quartier s'étoffe progressivement à cette époque. La New York Historical Society, fondée en 1804 et plus ancien musée de New York, en est le premier jalon, face à Central Park. Un voisin prestigieux vient lui tenir compagnie, l'American Museum of Natural History (1874-1877), ajoutant les scientifiques aux historiens. Tout autour, les immeubles de prestige sortent de terre, le long de Central Park. Le plus célèbre reste le Dakota (1884), où vivait John Lennon quand il fut assassiné, mais le prix de la visibilité (surtout quand on flâne dans Central Park) revient aux deux tours jumelles du San Remo (1930), couronnées de deux temples grecs ou à celles, moins pompeuses, du Majestic (1931). Derrière les fenêtres de ces façades ouvrant sur la verdure vécurent des célébrités, des parrains mafieux Lucky Luciano ou Frank Costello aux voluptueuses Judy Garland, Rita Hayworth ou Lauren Bacall, en passant par Leonard Bernstein, l'inoubliable compositeur de *West Side Story*. Le long de Broadway, à l'écart du parc, les hôtels de luxe,

Les rangées de maisons ou de petits immeubles mitoyens sont légion dans beaucoup de quartiers de Manhattan et de Brooklyn. Quand ils sont construits en grès brun, on les appelle brownstones*. Ces demeures bourgeoises de la fin du XIXe siècle sont désormais divisées en appartements, comme on en trouve beaucoup ici, dans l'Upper West Side.*

tel *The Ansonia* (1904), furent fréquentés par la fine fleur artistique, dont Toscanini ou Stravinsky. Jusqu'au milieu des années 1950, il reste pourtant au sud du quartier une poche de taudis insalubres habités par une population ouvrière et immigrée. Elle servira de « décor » au film *West Side Story* en 1961, juste avant sa démolition. Car c'est là que John Rockefeller a suggéré de créer le Lincoln Center. Cette concentration unique de douze formations artistiques, théâtre, opéra, musique et danse, compte par exemple le Metropolitan Opera, la Juilliard School ou le New York Philarmonic Orchestra. Si les artistes apprécient le sud de l'Upper West Side, les intellectuels, les universitaires et les étudiants se concentrent plus au nord, du côté de Morningside, où la Columbia University s'est installée en 1897. Comptant parmi les plus prestigieuses universités du pays, elle a multiplié les prix Nobel et les étudiants illustres (et variés), tels Milton Friedman, Jack Kerouac, Allen Ginsberg, les présidents Roosevelt, Eisenhower et... Barack Obama.

Ci-dessus :
Columbia University est une université privée membre de la prestigieuse Ivy League, qui regroupe les huit meilleures de la côte Est des États-Unis. Le fronton néoclassique de la Low Memorial Library en est l'un des emblèmes faciles à reconnaître.

Ci-dessus :
The Lake, *le lac, est le second plan d'eau majeur de Central Park, après le* Reservoir. *Il reflète les gratte-ciel à tours jumelles de l'Upper West Side.*

Ci-contre :
Jour de remise des diplômes à Columbia University. Tous les diplômés portent une robe universitaire et une toque aux couleurs de l'institution, le bleu ciel pour Columbia.

UPPER EAST SIDE

L'étonnante concentration d'hôtels particuliers, de musées et de boutiques hors de prix donne immédiatement le ton d'un quartier qui revendique la population la plus riche de New York. Ici, on fait abstraction des nouveaux riches et on compte surtout sur les « anciens », les grands mécènes historiques de la ville, ceux qui doivent leur train de vie au rang et au prestige de leur famille, les Astor, Vanderbilt, Carnegie... Le long de Park Avenue ou de la 5th Avenue, face à Central Park, les immeubles chics alignent les marquises vert sapin ou grenat, devant lesquelles attendent des portiers en habit. Les limousines n'y déposent que du beau monde, fréquentant les restaurants étoilés, clubs sélects et salons de couturiers. Tout juste s'aventure-t-on plus bas dans la ville pour se rendre à un vernissage ou à une visite chez le joaillier... Il flotte sur ces rues une atmosphère curieusement compassée, bien loin de la folie touristique de Midtown. La portion de la 5th Avenue qui longe Central Park se surnomme le *Museum Mile*, tant les musées y sont nombreux, autour des phares incontestés que sont le Metropolitan Museum of Art (le « Met », comme on l'appelle familièrement), la Frick Collection, le Guggenheim Museum et la Neue Galerie. Le « Met », le plus ancien d'entre eux, est d'ailleurs la plus belle vitrine du quartier et de son esprit. Construit en 1880 grâce à de généreux donateurs, il est l'un des plus grands musées du monde et rassemble des collections d'une richesse et d'une variété incroyables, presque exclusivement constituées de dons privés. La Frick Collection, abritée dans le luxueux palais d'un magnat de l'acier, est un autre exemple de ce mécénat si typiquement américain. L'Upper East Side n'est pourtant pas uniquement ce conservatoire de « l'aristocratie » américaine. La partie orientale du quartier, entre la 3rd Avenue et l'East River, est longtemps restée bien moins favorisée et tenue à l'écart par la saignée du chemin de fer qui descendait vers le sud de la ville. Occupée par des ouvriers principalement immigrés, elle a repris peu à peu des couleurs après l'enfouissement des lignes ferroviaires. Si elle est toujours nettement moins élégante que sa voisine des bords du parc, ses tours dominant la rivière ont profité de l'explosion des prix de l'immobilier. Il faut désormais monter vers le nord pour retrouver une population plus cosmopolite, notamment dans les rues colorées de Spanish Harlem, ainsi que l'on nomme toute la partie qui s'étend au nord de la 96th Street.

L'édifice qui abrite le Solomon R. Guggenheim Museum fut conçu en 1956 par l'architecte Frank Lloyd Wright. Il est formé d'une spirale longue de 431 mètres qui s'enroule jusque sous la coupole. Unanimement salué aujourd'hui, l'ouvrage fut décrié à l'époque et traité de « machine à laver » !

Ci-contre :
Roosevelt Island est une île de l'East River, entre l'Upper East Side et le Queens. On s'y rend par un téléphérique, le Roosevelt Island Tramway, qui longe le Queensboro Bridge sur 940 mètres et offre un beau panorama sur la rivière. On y accède en trois minutes avec un simple ticket de métro !

Ci-dessus :
le Queensboro Bridge enjambe l'East River et Roosevelt Island pour relier Manhattan et Long Island City, dans le Queens. Inauguré en 1909, il est aussi surnommé « The 59th Bridge », car c'est au niveau de la 59th Street qu'il quitte Manhattan. Woody Allen l'utilisa en fond de l'affiche de son film Manhattan*, en 1979.*
Lors du marathon de New York, c'est par ce pont que les coureurs entrent à Manhattan.

Ci-dessus :
les pelouses de Central Park servent de jardin aux habitants des luxueuses copropriétés de 5th Avenue. Cet immeuble, 960 5th Avenue, est l'une des adresses les plus huppées de New York.

Ci-contre :
parmi les petits boulots populaires à New York, celui de promeneur de chiens est très répandu.

Ci-dessus :
la portion de Madison Avenue qui parcourt l'Upper East Side constitue l'un des quartiers de shopping les plus élégants de New York. Toutes les grandes marques américaines et les meilleurs créateurs y sont rassemblés.

HARLEM

Lors de sa fondation par les Hollandais en 1658, Harlem est d'abord un village fermier. À la fin du XIXe siècle, des promoteurs y construisent immeubles et rangées de *brownstones*, espérant attirer la classe moyenne. Mais ils ont vu trop grand et doivent baisser les loyers. La petite bourgeoisie noire se précipite, trop heureuse d'échapper au surpeuplement du sud de la ville. L'histoire black de Harlem commence. Dans les années 1920, le quartier a perdu ses derniers résidents blancs. À la faveur de la Prohibition, les riches bourgeois viennent se dissiper dans les clubs de jazz dont ils font le succès. Le quartier devient le terreau d'une formidable effervescence culturelle. Mais, noyé par la Grande Dépression, l'âge d'or ne dure pas. Harlem sombre peu à peu dans la pauvreté et la violence, pour devenir un épouvantable ghetto. La réhabilitation devra attendre les années 1960 et les appels d'un Malcolm X à l'éveil de la conscience politique noire. La revalorisation urbaine, encore plus lente, survient grâce à l'élection à New York, en 1989, d'un maire noir, ou après l'installation dans le quartier du très populaire Bill Clinton en 2001. Depuis, le berceau de la « Renaissance noire », indissociable de l'identité afro-américaine et de la revendication des droits civiques, a quitté son costume de rebelle pour celui de la *middle class* noire ou, de plus en plus, blanche. Cette gentrification progressive du quartier remplace peu à peu les pauvres de couleur par de jeunes bobos en quête de mémoire et d'une mixité qu'ils retrouvent dans les clubs de jazz et les bars *fusion*. Aujourd'hui, les New-Yorkais redécouvrent le quartier. Un hôtel de luxe ouvre ses portes en 2011, des restaurants branchés font leur apparition. Les touristes, qui se déversent par cars entiers dans les églises baptistes de la 116th Street, sont séduits par la ferveur bruyante des messes gospel. Puis ils se régalent de *soul food*, la cuisine afro-américaine traditionnelle des États du Sud, *fried chicken*, *hush puppies* (boulettes de maïs frites), frites de patate douce ou *waffles* (gaufres). Malgré tout, une nouvelle immigration venue d'Afrique (souvent francophone) contrebalance la boboïsation ambiante et s'entasse dans les derniers logements bon marché ou à l'arrière des petits commerces. Pour ces nouveaux arrivants, le rêve américain commence sur la 125th Street, entre les bazars africains et les enseignes de la grande consommation.

La communauté noire a longtemps marqué l'identité d'Harlem, notamment grâce au jazz, mais aussi aux associations culturelles et aux églises. Pourtant, depuis une dizaine d'années, le quartier s'est diversifié, avec l'arrivée d'une bourgeoisie blanche aux abords de Central Park et de Portoricains dans East Harlem.

Ci-dessus à gauche :
située sur la 125th Street, l'Apollo Theater *est la scène la plus célèbre d'Harlem. Les concerts du mercredi soir ont permis aux plus grands de faire leurs premiers pas sur scène, comme* Ella Fitzgerald*.*

Ci-dessus à droite :
la 125th Street est l'axe majeur de Harlem. Témoins de la gentrification du quartier, de grandes enseignes internationales y ouvrent leurs portes.

Ci-dessus :
le Street Art *est l'un des modes d'expression favoris de la culture black. Les rues de Harlem, principalement sur les rideaux de fer des boutiques, arborent de véritables fresques.*

Ci-contre :
à l'angle de Frederick Douglass Boulevard et de la 125th Street, Spirit of Harlem *est une grande mosaïque à la gloire de la scène artistique du quartier.*

WASHINGTON HEIGHTS ET INWOOD

Tout en haut de Manhattan, au-dessus de la 155th Street, Washington Heights, suivie au nord d'Inwood, constitue la partie la plus septentrionale de l'île ; elle est comme un doigt étroit enserré entre l'Hudson et la Harlem River. C'est là que Manhattan atteint son point le plus élevé, un modeste 81 mètres d'altitude. Mais il faut s'imaginer ce que le paysage devait être avant l'arrivée des colons européens. Les pentes étaient couvertes de forêts giboyeuses ; les berges de l'Hudson, escarpées à cet endroit, offraient des falaises et des abris aux Indiens qui y chassaient les oiseaux migrateurs. Dans les premiers temps de la colonisation, les environs sont restés relativement intacts, occupés par quelques fermes et manoirs espacés. Seuls souvenirs de cette époque pastorale, la Morris-Jumel Mansion (1765), gracieuse résidence d'été d'un colonel anglais, ou la Dyckman Farmhouse, une jolie maison construite par un fermier hollandais en 1784. Tout n'était pourtant pas si idyllique à la fin du XVIIIe siècle. La révolution américaine embrasait la région et le point culminant de Manhattan fut choisi pour construire un fort défensif. C'est ici que George Washington installa ses troupes, ce qui valut au fort, puis au quartier, de porter son nom. Le site fut le théâtre d'une bataille sanglante que les Américains perdirent contre les Anglais. À l'exception d'Inwood Hill Park, à l'extrême nord du quartier, qui garde encore sa nature sauvage et intacte, Washington Heights s'est massivement urbanisé à partir du début du XXe siècle, principalement sous la poussée de l'immigration, irlandaise d'abord, puis juive, grecque et enfin dominicaine. Dans les rues ou les commerces, il est fréquent d'entendre uniquement parler en espagnol. Pour goûter aujourd'hui le charme que dut avoir le nord de Manhattan, il faut donc monter jusqu'à Fort Tryon Park, le parc qui entoure l'ancien Fort Washington. Depuis les pelouses plaisamment ombragées, la vue sur l'Hudson est délicieusement bucolique et enflammée en automne des couleurs du fameux été indien. Quelques pas encore et l'on arrive à l'un des sites les plus inattendus de la ville, The Cloisters. Ici, en pleine nature, deux mécènes (dont le fameux Rockefeller) férus d'art médiéval ont fait reconstituer au début du XXe siècle un formidable ensemble de cloîtres, de chapelles et de portails romans et gothiques, importés d'Europe et remontés pierre à pierre face à l'Hudson.

The Cloisters est un musée voué à l'art médiéval. En l'absence d'un tel patrimoine sur le sol américain, des pans entiers de sanctuaires européens ont été transportés pierre par pierre et reconstruits sur place, comme ici la chapelle romane de Fuentidueña (XIIe siècle), récupérée près de Ségovie, en Espagne.

LE JAZZ

Née à la Nouvelle-Orléans dans les années 1910, cette musique « nègre », comme on disait alors, inspirée des rythmes africains apportés par les esclaves, fit une première apparition à New York dès 1912, sans convaincre. Le jazz restait cantonné aux bars interlopes de Harlem. Mais avec la Prohibition, de 1920 à 1933, les riches Blancs commencèrent à fréquenter les *speakeasies*, des établissements clandestins qui vendaient de l'alcool sous le manteau. À New York, nombre de ces adresses se trouvaient à Harlem. Il devint très chic de jouer aux voyous en buvant et en se déhanchant sur le swing des cuivres. Sur Lenox Avenue, le Cotton Club, qui était alors réservé aux Blancs, donnait le ton avec le grand Duke Ellington ou Cab Calloway. Dans les années 1930, Harlem prit même le pas sur la scène mythique de Chicago. Le fameux Apollo Theater, sur la 125th Street, devient le haut lieu du jazz new-yorkais dans les années 1940. Sa célèbre Amateur Night, le mercredi, permit à bien des célébrités de se lancer, comme Billie Holiday, Ella Fitzgerald ou Aretha Franklin.

BROOKLYN

Le plus peuplé des *boroughs* new-yorkais est aussi le plus varié et le plus attachant. Au-delà de l'East River, Brooklyn forme, avec le Queens, l'extrémité ouest de Long Island, une île qui s'étire de la baie de New York aux côtes du Connecticut.

LES PONTS DE BROOKLYN

Le coup de cœur pour Brooklyn commence par les ponts, et c'est à pied qu'il faut pénétrer cet autre monde, encore New York mais plus du tout Manhattan. À mesure que l'on s'éloigne de la forêt des gratte-ciel, il faut se retourner encore et encore, pour autant de points de vue sur la fameuse *skyline* de New York. C'est depuis les ponts qu'on a les plus beaux panoramas sur Manhattan. Ils sont trois à relier Manhattan et Brooklyn. Chacun possède son âme et son histoire. Le Brooklyn Bridge, le plus méridional, est la vedette, la voie « royale » entre le Civic Center, pôle administratif de New York et le centre historique de Brooklyn. C'est le plus ancien aussi, le premier à remplacer le ferry que devaient emprunter chaque jour les travailleurs vivant de l'autre côté de l'East River. Quand il fut inauguré, en 1883, les piétons devaient acquitter un péage de trois *cents*, très souvent majoré par le racket... Aujourd'hui, il est emprunté quotidiennement, à pied, en vélo ou en voiture, par les employés des administrations de Manhattan ou par ceux du quartier de la finance. La longue voie piétonne en planches, isolée du trafic des voitures, est l'une des balades inoubliables de la Grosse Pomme. En contrebas, la voie automobile, que l'on aperçoit entre les poutrelles d'acier, fait entendre ses pulsations régulières. Le pont est surtout l'un des circuits favoris des joggers et des touristes qui ne se lassent pas du jeu de la lumière sur les gratte-ciel du Financial District. Son architecture fait le bonheur des photographes, avec la double ogive de ses hautes piles de pierre et les énormes câbles qui en descendent en éventail. Loin, tout en bas, les eaux troubles de l'East River portent les bateaux vers le sud, là où, passé les îles, on retrouve la pleine mer. Tout proche et bien moins médiatisé, le Manhattan Bridge joue une autre partition, moins flamboyante, malgré son joli bleu fané et les curieuses boules qui couronnent ses tours. Le plus jeune des trois ponts, achevé en 1912, n'a guère d'ambition touristique. Il est à cheval entre le cœur populeux de Chinatown et DUMBO, l'un des chantiers en devenir du nouveau Brooklyn. À la différence de son célèbre voisin, il porte des voies du métro new-yorkais, et si les piétons peuvent aussi l'emprunter, la balade est parfois mal fréquentée et surtout beaucoup moins spectaculaire : il s'élève d'abord au-dessus des immeubles

Page de droite et double-page suivante : dès sa conception, le pont de Brooklyn devait s'imposer comme une merveille de technologie. Son architecte, John Augustus Roebling, avait déjà conçu le pont au-dessus des chutes du Niagara. Le chantier dura treize ans. Quand le pont fut inauguré, c'était le plus long pont suspendu du monde, avec une longueur totale de 1 825 mètres.

M
MTA
New York City Subway

Ci-contre :
d'une longueur totale de 2 227 mètres, le Williamsburg Bridge prit dignement, en 1903, le relais du Brooklyn Bridge comme plus long pont suspendu du monde.

Ci-dessus :
le Manhattan Bridge offre un profil plus léger que ses deux voisins. Son entrée côté Chinatown est marquée par un arc de triomphe encadré de pompeuses colonnades. Lors de sa création, en 1910, la mode était à l'embellissement de la ville par des structures décoratives de ce genre.

défraîchis du sud de Chinatown pour traverser la rivière sans panorama impérissable et atterrir loin du rivage dans un dédale surprenant de voies rapides. Il ne manque pourtant pas de charme vu du sol, quand on suit entre les roseaux le rivage de DUMBO pour admirer ses énormes piles bleues. Le dernier des ponts, le deuxième par rang d'âge, est lui aussi trop méconnu, alors qu'il porte une partie de l'histoire de la ville et de l'essor de Brooklyn : le Williamsburg Bridge date de 1903. On le trouve rarement beau à première vue. On est peut-être découragé par le tunnel d'acier gris et rouge que forme sa structure. Il offre pourtant de merveilleuses perspectives, quand le soleil joue à travers ses poutrelles et jette des quadrillages changeants sur les longues voies piétonnes qui surplombent le métro et les voitures. Toute la promenade se fait entre de larges grilles au rouge passé derrière lesquelles, au loin, on distingue les silhouettes graciles de l'Empire State Building et des tours de Midtown. Chaque jour, des dizaines de familles juives hassidiques le traversent à pied, pour passer de leur quartier de Williamsburg à Lower East Side, côté Manhattan.

BROOKLYN HEIGHTS ET DUMBO

Quand on arrive par le pont, on a bien du mal à imaginer l'époque où Brooklyn concentrait les chantiers navals de New York. DUMBO (pour Down Under Manhattan Bridge Overpass, littéralement « en dessous de la voie d'accès au Manhattan Bridge ») mérite bien son nom. Les piles du pont semblent se dresser juste au-dessus des toits ! L'un des derniers-nés des nouveaux quartiers de Brooklyn, il joue de cette mémoire industrielle et mise sur le mariage de l'architecture contemporaine et des anciennes friches pour proposer des lofts immenses et hors de prix aux jeunes loups de la finance en mal de placement immobilier. Galeries d'art, bars à la branchitude design et boutiques élitistes s'installent dans le moindre hangar dont la valeur augmente dès lors en proportion de la patine. Face à Downtown, les quais et les entrepôts ont laissé la place à de belles esplanades au bord de l'eau, où les mamans et leurs poussettes côtoient les amoureux en balade et les adeptes du stretching en plein air. Là, Brooklyn Bridge Park et Fulton Ferry Park se succèdent le long de l'East River, entre Brooklyn Bridge et Manhattan Bridge, face aux tours de Lower Manhattan, l'un des plus impressionnants panoramas de tout New York. On s'allonge sur les pelouses en tutoyant le pied des ponts et on déguste une glace artisanale en devinant de loin le brouhaha de Manhattan. Un peu plus au sud, Brooklyn Heights et sa terrasse surplombant la rivière ont choisi un autre registre, celui de la banlieue chic, avec en prime la vue imprenable sur la *skyline* de Lower Manhattan. C'est là qu'au XIXe siècle les familles bourgeoises qui voulaient fuir Manhattan ont commencé à construire des rangées de *brownstones*, ces élégantes maisons en pierre couleur de chocolat au lait, dont les hauts perrons en enfilade rythment les trottoirs. Le long de rues plaisamment ombragées, tout un quartier résidentiel s'est ainsi constitué, tandis que vers l'intérieur de Brooklyn naissait le centre-ville, Downtown Brooklyn. Longtemps habitée par les ouvriers des chantiers et des manufactures et par une classe moyenne relativement modeste, cette partie de Brooklyn est désormais réservée aux familles aisées qui ont les moyens de vivre dans une enclave aussi calme et provinciale, à portée de regard du centre financier du monde !

Au pied du Brooklyn Bridge, la Brooklyn Ice Cream Factory *est l'une des adresses fétiches des familles new-yorkaises pour ses glaces crémeuses. La petite fabrique s'est astucieusement installée dans une ancienne caserne de bateaux-pompes datant de 1922. Lors des incendies dans les navires ou les entrepôts des berges, les pompiers utilisaient ces navires pour noyer le feu.*

BROOKLYN ICE CREAM
FACTORY
ONLY THE FINEST, PUREST, NATURAL INGREDIENTS

Ci-dessus à gauche :
la plupart des bars, restaurants, commerces et appartements de DUMBO ont été aménagés dans d'anciens entrepôts ou dans des friches industrielles. Loin de dissimuler cet héritage, on le souligne, au contraire, comme c'est le cas ici, au reBar.

Ci-dessus à gauche :
le Brooklyn Bridge Park s'étend le long de la berge, de part et d'autre de Manhattan Bridge et de Brooklyn Bridge. Une promenade aménagée permet de relier le pied des deux ponts. Une succession de pelouses, des espaces de jeu et de nombreux bancs publics en font un endroit recherché par les familles.

Ci-dessus à droite :
progressivement réhabilité, DUMBO conserve une atmosphère postindustrielle.

Double-page suivante :
avec son mélange de brownstones *et de façades de brique, Brooklyn Heights forme un quartier résidentiel de charme.*

BROWNINGS
FRAMES & PRINTS

WILLIAMSBURG

Au débouché du Williamsburg Bridge s'étendait jadis tout un ensemble industriel très dense, né de l'activité navale et portuaire de Brooklyn. Ses usines sucrières et ses grands entrepôts avaient attiré une importante population pauvre et immigrée qui s'entassait dans des logements sommaires. Le déclin du port et la fermeture des usines semblèrent d'abord condamner Williamsburg à une mort lente. Toutes les berges de l'East River, occupées par d'immenses friches abandonnées, étaient coupées des rues résidentielles qui se vidaient elles aussi les unes après les autres. Pourtant, l'éternelle histoire des quartiers new-yorkais allait se répéter. Désertés par leurs habitants, les logements et les entrepôts insalubres devenaient bon marché, offrant une bouffée d'air à tous ceux qui ne pouvaient plus se permettre de vivre à Manhattan. Dans les années 2000, chassés du Village puis de Chelsea et d'East Village par la montée des prix, les artistes et les créateurs se prirent d'intérêt pour cet eldorado qu'ils se mirent à coloniser. Dans leur sillage, bars et galeries ouvrirent leurs portes, bientôt suivis par toute une jeunesse *fashion* en quête de nouveaux repaires. Williamsburg était devenu le dernier lieu à la mode, l'endroit où il fallait, sinon vivre (dans un premier temps les logements étaient vraiment trop vétustes), du moins sortir. C'est ici désormais que se tient la scène rock et que l'on débusque les nouveaux talents. C'est ici, le long de Bedford Avenue, que l'on vient faire du lèche-vitrines. Un peu plus loin, déblayés de toutes les friches industrielles, les bords de la rivière se parent d'immeubles de lofts. Dès les beaux jours, ils accueillent un sympathique marché aux puces. Entre la brocante, les livres d'occasion et la fripe vintage, on y déguste les *cookies* bio des pâtissières locales ou les produits du terroir pour écolos locavores. Les tables de pique-nique de l'East River Park et les toutes nouvelles pistes cyclables attestent que les familles bobos se prennent d'affection pour le quartier. D'ici à ce que les artistes qui ont tout initié partent ailleurs, il n'y a plus qu'une question de temps. Déjà, certains sont partis vers le nouveau pays de cocagne que serait le Queens... Seule enclave incongrue dans cet univers dernier cri, le fief fermé de la très orthodoxe communauté des juifs Loubavitch – les hommes y sont strictement vêtus de noir, les femmes portent des perruques – qui regardent d'un œil désapprobateur ces nouveaux voisins trop décoincés...

Williamsburg est devenu l'un des quartiers préférés des jeunes New-Yorkais, qui en apprécient l'ambiance cosmopolite et décontractée et les nombreux bars branchés. Le Surf Bar*, où l'on mange des fruits de mer dans un décor bric-à-brac, en est une illustration.*

Surf Bar
& SAND-ROOM
LANDSHARK
PREMIUM
Lager
QUALITY
ISLAND STYLE LAGER
LANDSHARK
Lager

Ci-dessus à gauche :
de nombreuses façades de Williamsburg sont couvertes de fresques peintes. Si certaines conservent un caractère contestataire ou provocateur, les plus grandes sont l'œuvre d'artistes sponsorisés par des marques, voire des producteurs de cinéma, et fonctionnent comme des affiches publicitaires.

Ci-dessus à droite :
la galerie d'art Front Room, sur Roebling Street, illustre la place de Williamsburg dans le marché de l'art new-yorkais. Comme d'autres dans le quartier, elle s'attache exclusivement aux artistes émergents ou en début de carrière.

Ci-dessus à droite :
à Williamsburg, les abords de Broadway abritent une importante communauté juive orthodoxe, initialement immigrée d'Europe de l'Est. Ces juifs du mouvement hassidique ont formé un quartier séparé du reste de la population.

Ci-contre : la chine est très populaire à Williamsburg, lors du marché aux puces ou le long de Bedford Avenue.

DE PARK SLOPE À BOCOCA, PROSPECT PARK

Le centre de Brooklyn est occupé par l'un de ces merveilleux parcs dont New York a le secret. Encore mieux que Central Park, son grand frère de Manhattan, Prospect Park réussit l'exploit de faire entrer la nature, la vraie, dans la ville. Sur ses 236 hectares, le parc alterne les pelouses, la forêt, les vallons et les étangs. Ce paradis des familles mêle avec bonheur les atouts culturels, avec le Brooklyn Museum et ses collections d'art d'une richesse exceptionnelle, naturels, avec le Brooklyn Botanic Garden et ses spécimens de plantes rares, et les joies du plein air, entre les allées du petit zoo et les pédalos qui sillonnent le plan d'eau. Il faut y flâner au printemps, quand les cerisiers du Japon y jouent une impressionnante symphonie rose ou en automne quand la variété des feuillus s'allume en orange et en jaune. Tout naturellement, le quartier voisin de Park Slope, à l'ouest, est le plus élégant de Brooklyn, avec ses enfilades de hautes demeures victoriennes en pierre brune ou en brique. La 5th Avenue de Brooklyn toute proche concentre les restaurants, les bars et les boutiques (notamment pour les enfants) que recherche la jeune bourgeoisie new-yorkaise. Car depuis les années 1970, Brooklyn a oublié son passé populaire et est devenu l'un des districts les plus recherchés par les familles pour son calme. En s'éloignant encore de Prospect Park vers l'ouest, on rencontre d'autres petits quartiers résidentiels, un peu moins chic mais tout aussi prisés par les trentenaires. Les trois principaux, Boerum Hill, Coble Hill et Caroll Gardens composent un ensemble surnommé BoCoCa, selon l'un de ces acronymes que l'on finit toujours par utiliser à New York pour désigner les secteurs qui montent. BoCoCa possède une histoire beaucoup plus métissée que Park Slope et héritée des immigrations successives qui ont peuplé Brooklyn. Cela lui a valu d'attirer, dès les années 1960-1970, beaucoup d'artistes et d'artisans-créateurs, avant que les familles ne prennent récemment le dessus. Smith Street, qui en est l'axe principal, ne compte plus les adresses branchées, bars intimes ou restaurants fusion. Plus au nord, sur Atlantic Avenue, les jolies échoppes de mode ou de décoration témoignent du style de la clientèle.

Dessiné par les créateurs de Central Park, Prospect Park se vante de son allure encore naturelle et sauvage. Il abrite le Brooklyn Botanic Garden et ses nombreux jardins à thème. On y trouve aussi le Steinhardt Conservatory, un ensemble de serres de style Beaux-Arts. Parmi elles, la Palm House accueille mariages et banquets.

Ci-dessus :
au bord du lac de Prospect Park, la Boathouse (littéralement « hangar à bateaux ») de style néoclassique date de 1905. Elle faillit être rasée en 1964 parce qu'elle ne servait plus. Elle abrite aujourd'hui l'Audubon Center, voué à l'interprétation de la nature et à l'observation des oiseaux.

Ci-dessus :
le Brooklyn Botanic Garden compte plus de 200 cerisiers du Japon offerts par le gouvernement japonais après la Première Guerre mondiale. Chaque printemps, le jardin célèbre Hanami, une tradition japonaise à la gloire des fleurs.

Ci-contre :
le Brooklyn Museum possède de riches collections d'art, dont des œuvres des plus grands peintres paysagistes américains.

CONEY ISLAND ET BRIGHTON BEACH

La plage à New York, c'est possible, et c'est à Coney Island qu'il faut aller la trouver. Au sud de Brooklyn, à l'extrémité occidentale de Long Island, tout au bout de la ligne de métro, le dépaysement est en effet garanti. Il n'y a toutefois plus rien de commun avec la belle station balnéaire qui occupait les lieux à la fin du XIXᵉ siècle, quand les riches citadins y prenaient une bouffée d'air marin. Au fil du XXᵉ siècle, les hôtels et les casinos ont peu à peu été remplacés par des logements bon marché et par les attractions populaires. Car ici, du moins le week-end, c'est la fête des baraques à frites, des marchands de glace et des manèges pour enfants. *Nathan's*, le roi incontesté du hot dog, s'est taillé une légende dans ce petit monde. Son histoire est en quelque sorte une histoire « d'immigration à la plage », celle d'un Polonais et de sa femme qui ont jeté les bases de leur succès en 1916, en ouvrant un petit stand sur la promenade de Coney Island. Les saucisses du couple ont tellement plu qu'elles ont fait les délices d'Al Capone ou du plus conventionnel Cary Grant. Depuis des générations, on vient donc à la plage pour manger un hot dog de chez *Nathan's*. Puis, au choix ou selon la saison, on descend sur le sable pour bronzer ou se baigner, presque au pied des derniers immeubles de Brooklyn. La foule est dense dès qu'il fait beau, le week-end et en été. Le mètre carré de plage vaut cher et certains dimanches d'affluence on doit même bronzer debout. Mais la plage à New York ! On peut continuer la promenade sur les planches, qui s'étire sur 5 kilomètres en surplomb de la plage. On longe d'abord le vieux Luna Park, un parc d'attractions à l'ancienne, dont la grande roue et les montagnes russes ont connu des jours meilleurs. La promenade court ensuite, parallèle à la mer, entre le sable et les immeubles de brique, pour mener à Brighton Beach, comme on appelle la portion de plage plus à l'est. Ici, le paysage semble identique, pourtant, le menu des immenses restaurants s'affiche désormais en russe. Brighton Beach, que l'on surnomme aussi Little Odessa, est en effet une enclave juive ukrainienne en pays new-yorkais. On y mange kasher devant l'Océan, du bortsch ou des pirojkis à la viande, on y boit de la vodka autour de bruyantes tablées et, dit la rumeur, on y voit passer les parrains de la mafia russe ! Dès que l'on quitte la plage, c'est un voyage vers l'Ukraine. Massés sous les poutres métalliques du métro aérien, les magasins de bijoux, de fourrures et de musique populaire russe, les épiceries juives, ainsi que les tailleurs à l'ancienne ne s'affichent plus qu'en cyrillique, sous l'œil impassible des babouchkas en foulards à fleurs.

Dès la sortie du métro, tout le monde s'offre un hot dog de chez Nathan's, *l'enseigne la plus emblématique de Coney Island. La fameuse saucisse inspirée de la tradition allemande et polonaise y est servie dans la meilleure tradition des* delicatessen, *avec de gros cornichons doux-amers.*

NATHANS
FAMOUS
FRANKFURTERS
More than just the best
FOLLOW THE
THIS IS THE ORIGINAL
FAMOUS
ICE COLD
BEER
FOLLOW THE CROWD
FRESH CUT FRIES
ICED COLD
Coca-Cola
SERVED HERE
ROOT BEER
DELICATESSEN
Buffet Catering
SEA
Since 1916

Ci-dessus :
Coney Island et Brighton Beach sont deux quartiers limitrophes de la plage. Après avoir servi de station balnéaire aux Manhattanites, ils se sont couverts d'immeubles à loyer modéré. Longtemps plutôt fréquentés par une population juive et blanche, ils se sont diversifiés pour accueillir plus d'Afro-Américains, d'Hispaniques et de nouveaux immigrants russes et ukrainiens.

Ci-dessus :
le parc d'attraction originel de Coney Island se nommait Luna Park. Il fut remplacé au fil des ans par une succession d'autres parcs. Il renaquit de ses cendres en 2010, au bord de la plage. La grande roue et les montagnes russes en restent l'emblème.

Ci-contre :
menu en caractères cyrilliques des restaurants russes ou ukrainiens, à Brighton Beach.

RED HOOK

Quand le port de New York fut délocalisé dans l'État du New Jersey, de l'autre côté de l'Hudson, Red Hook, au sud de Brooklyn, fut la dernière zone portuaire à mourir. Pendant longtemps, on pensa que le déclin ne s'arrêterait jamais. Quelques rues défoncées et sinistres débouchaient sur des entrepôts de plus en plus ruinés béant à ciel ouvert, des quais éventrés et des rails rouillés ne menant plus nulle part. Red Hook était devenu une friche mal famée que ne fréquentaient plus que des bandes de marginaux et de drogués. En 1990, on considérait que c'était devenu la capitale américaine du crack et le pire quartier d'Amérique ! Mais la flambée des prix de l'immobilier suscita l'intérêt des promoteurs pour ces terrains imprenables entourés par la mer, aux premières loges de la baie de New York. L'arrivée de nombreux artistes, séduits par l'atmosphère déglinguée et les prix bas du quartier, a initié un repeuplement progressif et la création d'un nouvel habitat intégré dans des entrepôts superbement réhabilités.

Red Hook
Farmers
Market
We Accept
EBT, FMNP WIC, SR Coupons
WIC fruit + veggie, Health Bucks

QUEENS

Le Queens est le plus étendu des cinq *boroughs* de New York et le moins fréquenté par les touristes, qui se contentent d'y atterrir à l'aéroport John F. Kennedy. Très peuplé, il compose le plus impressionnant kaléidoscope ethnique de tout le pays, à tel point que l'on surnomme « Orient Express » la ligne 7 du métro qui le dessert.

LONG ISLAND CITY

Au bout du Queensboro Bridge, le quartier de Long Island City (LIC pour les New-Yorkais) est celui par lequel on aborde le Queens. L'arrivée par le métro aérien résume à la perfection son histoire et son évolution. Le passé industriel révolu saute d'abord aux yeux. Il règne une ambiance de dernière frontière sur les usines désaffectées, les hangars taggés de toutes les couleurs et les terrains vagues au destin incertain. Mais le présent tente lui aussi de s'imposer. Car les berges de l'East River, nouveau balcon sur la *skyline*, n'ont pas manqué ici d'inspirer les promoteurs qui ont imaginé le prochain pactole des gros investisseurs. Les projets les plus fous se sont donc multipliés, certains abandonnés, d'autres faisant pousser de hautes tours le long de la rivière pour offrir appartements et bureaux à ceux qui veulent quitter Manhattan. Pour attirer de nouveaux habitants, on a renforcé le réseau de navettes fluviales, les *water taxis*, espérant mettre les centres névralgiques de Manhattan à portée d'une courte escapade en bateau. Emblématique de ce renouveau urbain, le premier gratte-ciel du Queens, le Citigroup Building, qui a été construit en 1990, évoque un montage en Lego™ turquoise. Il se dresse à Hunters Point, face à ses frères de Manhattan, comme pour présager du futur de LIC et suggérer une autre *skyline* pour la rive gauche de l'East River. La crise de 2008 a considérablement ralenti les ardeurs immobilières, même si un vent dynamique souffle encore sur cette partie du Queens. Les studios de cinéma Silvercup, dont l'enseigne en grandes lettres rouges est visible depuis le métro, sont l'autre grand repère du quartier. Ils sont installés depuis 1983 dans une ancienne boulangerie industrielle. Ils entretiennent une activité cinématographique à Long Island City grâce à la réalisation de téléfilms et de séries populaires comme les *Sopranos*, *Ugly Betty* ou *Sex and the City*. En réalité, le quartier mise depuis longtemps sur sa revitalisation culturelle et économique, témoin l'installation, en 1976, du PS1, l'annexe du Metropolitan Museum of Art vouée à l'art contemporain. Les performances, les concerts et les festivals s'y multiplient, témoignant de ce volontarisme. Non loin de là, Vernon Boulevard concentre quelques restaurants et bars qui attestent la présence d'une population jeune, urbaine et créative.

Page de droite : de son passé industriel, Long Island City a gardé les anciens portiques des quais et leur lettrage. Mais juste derrière, les tours flambant neuves proposent bureaux ou appartements de luxe.

Double-page suivante : en arrivant à Long Island City, le métro aérien passe tout près de l'enseigne des studios Silvercup. Au fond, la vue sur Manhattan est stupéfiante : c'est celle dont jouissent les nouveaux immeubles du quartier.

LONG ISLAND
ISLAND

7
Do not enter
or cross
tracks

ASTORIA ET JACKSON HEIGHTS

Juste au nord de Long Island City, le quartier d'Astoria est un exemple du mille-feuille culturel qu'est le Queens. Au début du XIXe siècle, on l'appela ainsi pour flatter le richissime John Astor et le persuader d'y investir. Les premiers à s'installer dans ce quartier furent les Allemands, ébénistes, fabricants de meubles ou simples ouvriers dans les usines. C'est l'un de ces immigrés qui allait le premier apporter la célébrité à Astoria. Il est facteur de pianos et s'appelle Heinrich Steinweg. Arrivé à New York en 1849, il ouvre dès 1853 sa première fabrique qu'il baptise Steinway and Sons pour faire plus anglophone. Son usine d'Astoria (elle existe encore) y prend une telle importance qu'on surnomme le quartier Steinway Village. Dans les années 1920, une nouvelle activité fait son apparition, l'industrie du cinéma. Alors qu'Hollywood n'est pas encore la Mecque qu'elle est devenue, c'est New York qui est encore la capitale du 7e art. Astoria compte ainsi jusqu'à vingt studios, où sont tournés notamment les films des Marx Brothers, le premier Sherlock Holmes parlant ou beaucoup plus récemment, pour la télévision, des épisodes de *Sesame Street* ou du *Cosby Show*. Mais pour le grand public, l'identité d'Astoria se confond surtout avec sa culture ethnique. Après les Allemands, les Juifs d'Europe centrale et les Italiens prirent le relais, donnant une couleur plus exotique aux rues du quartier. Puis il revint aux Grecs de donner une nouvelle atmosphère à Astoria. Arrivés en nombre à partir des années 1960, ils apportèrent dans leur sillage les églises orthodoxes et les *tavernas* décorées en bleu et blanc. Cette coloration méditerranéenne se confirme avec l'immigration qui suit, en provenance du Liban, de Syrie, des Balkans, du Maghreb ou d'Égypte. Une succession de petites enclaves aussi dépaysantes les unes que les autres apparaissent encore à partir des années 1990 : brésilienne, yéménite, asiatique. À l'est d'Astoria, le quartier voisin de Jackson Heights se veut cité « verte », pionnière dans l'intégration de jardins communautaires dans le tissu urbain. Le métissage des populations y est très important : Pakistanais, Indiens, Malaisiens, Mexicains, Dominicains, Colombiens... se mêlent dans un creuset unique qui résonne de 150 langues différentes !

Les différents quartiers du Queens sont ceux qui donnent la meilleure idée du multiculturalisme new-yorkais. Les loyers encore abordables permettent à des populations très diverses de s'y côtoyer, même si les différentes communautés tendent à rester entre elles.

KVILLE

Ci-dessus à gauche :
les très nombreux immigrants venus d'Inde et du Pakistan valent à la 74th Street de Jackson Heights le surnom de Little India. On y achète saris, films made in Bollywood *et sauces pour curry.*

Ci-dessus à droite :
à l'intérieur d'un même quartier comme ici à Jackson Heights, les immigrations successives donnent une couleur réellement multiethnique. Caribéens ou Africains font leurs courses dans des épiceries indiennes ou chinoises.

Ci-dessus à droite :
la communauté mexicaine est très importante à Jackson Heights. Ses membres viennent souvent de la région de Puebla et la plupart des restaurants servent une cuisine mexicaine authentique, et peut-être les meilleurs tacos de New York.

Ci-contre :
les populations multiethniques du Queens sont la garantie de produits exotiques, variés et très frais.

FLUSHING MEADOWS CORONA PARK

Tout le monde connaît Flushing Meadows grâce à l'US Open de tennis qui s'y déroule depuis 1978. Mais bien peu de visiteurs prennent la peine de prêter attention aux quartiers entourant le fameux stade, qui n'est d'ailleurs qu'une petite composante de l'immense Flushing Meadows Corona Park. Ce dernier fut créé en 1939 sur de vastes décharges sauvages pour accueillir l'Exposition internationale. Mais, en raison du contexte international de l'époque, le projet ne rencontra pas le succès attendu et fut pratiquement abandonné. Une autre Exposition fut programmée pour 1964, qui réutilisa les bâtiments de la précédente tentative. On y installa une énorme maquette de New York (encore visible aujourd'hui), et on réalisa l'un des monuments emblématiques du parc, l'*Unisphere*, une gigantesque sphère en acier évidé aussi haute qu'un immeuble de douze étages et représentant le globe terrestre. Dans le parc (près d'une fois et demie plus étendu que Central Park), se sont installées toutes sortes d'équipements sportifs et culturels, incluant deux plans d'eau, un centre aquatique, une patinoire, un zoo et un musée. Mais le plus célèbre équipement pour les New-Yorkais, loin devant tous les autres, est le Citi Field, inauguré en 2009. C'est le stade des New York Mets, l'une des deux grandes équipes de baseball de la Grosse Pomme avec les New York Yankees. Quant aux deux quartiers qui ont donné son nom au parc, Corona, à l'ouest, et Flushing à l'est, ils offrent une très grande diversité ethnique, comme c'est souvent le cas dans le Queens. Même s'il compte désormais une importante population hispanique (environ 65 %) venue d'Amérique du Sud et de République dominicaine, Corona est l'un des berceaux historiques de la communauté afro-américaine. Beaucoup de figures majeures de la culture noire y sont nées ou y ont vécu, comme Dizzy Gillespie, Ella Fitzgerald, Louis Armstrong ou Malcolm X. Quant à Flushing, son histoire est très ancienne et débuta avec les colonisations hollandaise puis anglaise. Depuis les années 1970, c'est surtout l'un des grands quartiers de l'immigration chinoise, venue d'abord de Taïwan puis du reste de la Chine. C'est même l'une des communautés chinoises en plus forte croissance en dehors de Chine. Le Chinatown de Flushing, loin des regards des touristes, est certainement encore plus authentique que son aîné de Manhattan.

Le Queens Theater, construit en 1964, permettait initialement de projeter des films panoramiques à 360°. Devenu une salle de spectacles et de concerts en 1972, il s'est doté en 2010 d'une extension en spirale, conçue par les architectes Caples et Jefferson.

5 POINTZ-CRANE STREET

New York est l'une des villes les plus créatives des États-Unis en matière de Street art, avec San Francisco et Philadelphie. À Long Island City, un immense complexe d'entrepôts sur Crane Street a été dévolu aux graffs, sur plus de 20 000 m^2. Son nom de 5 Pointz est une allusion à la convergence des graffeurs des cinq *boroughs* de la ville. Sa réputation est telle qu'il attire des artistes du monde entier, qui y voient une sorte de Mecque revendiquée du Street art. Sur une hauteur de cinq étages englobant tout un pâté de maison, c'est un véritable musée en plein air de cet art éphémère que l'on appelle ici l'Aerosol Art. Les façades juxtaposent en permanence plus de 350 fresques aux couleurs flamboyantes. Le projet initial, Graffiti Terminator, lancé en 1993, projetait de diminuer le graff sauvage en le canalisant dans un lieu légal qui fonctionnerait comme une sorte de centre culturel. Depuis le début des années 2000, 5 Pointz a pris une ampleur telle que les graffeurs les plus célèbres demandent à venir y manier l'aérosol.

IT'S FOR US!

BRONX

Contrairement aux quatre autres *boroughs* de New York, le Bronx, qui s'étend au nord de Manhattan, n'occupe pas une île. Très vert, il est socialement contrasté. Peuplé aux trois quarts d'Afro-Américains et d'Hispaniques, c'est le plus pauvre de New York, et il est victime d'une mauvaise réputation.

GRAND CONCOURSE

Grand Concourse est une interminable avenue qui traverse le West Bronx, la partie la plus peuplée du *borough*. Ce « grand boulevard » est né à la fin du XIXe siècle de l'imagination d'un ingénieur alsacien qui voulait s'inspirer des Champs-Élysées parisiens ! La réalisation finale dépassa de loin son modèle, du moins par la taille : 6 kilomètres de long pour 55 mètres de large. Dès le début du XXe siècle, ce nouveau quartier attira les immigrés juifs et italiens qui voulaient quitter le bas de Manhattan. Près de 300 immeubles sortirent de terre dans les années 1920-1930, dans le meilleur style Art déco. À cette époque, les logements du Bronx étaient aussi les mieux équipés de tout New York, avec salles de bains et chauffage central ! Le développement du quartier s'interrompit dans les années 1960, avec le départ massif de la classe moyenne blanche qui ne rêvait plus que des lotissements aseptisés du nord du Bronx ou de la grande banlieue. On affecta alors les logements vacants aux quelque 170 000 immigrants les plus démunis, Afro-Américains ou Portoricains expropriés des taudis de Manhattan, à mesure que la fièvre immobilière remodelait le sud de la ville. Le voisinage de Grand Concourse perdit son allure ordonnée. Beaucoup de propriétaires cessèrent d'entretenir leurs biens, préférant parfois les condamner purement et simplement. Le centre du Bronx sombra dans la violence et les trafics en tout genre pour ne plus être qu'un ghetto redouté. Un lent retournement s'est amorcé dans les années 1990, avec des efforts d'aménagement, une sécurité mieux garantie et des actions culturelles, comme le Bronx Museum of the Arts qui met en avant les artistes issus des cultures immigrées. Aujourd'hui, les autorités tentent de mettre en avant tout ce que le Bronx a produit de positif dans l'histoire culturelle de New York (Stanley Kubrick, Abel Ferrara, Mary Higgins Clark comptent parmi les personnalités locales), espérant jouer à la fois la carte de l'identité et de la fierté d'être bronxite. Mais la réalité demeure : avec plus de 50 % d'Hispaniques (45 % de la population ne parle que l'espagnol à la maison) et plus de 35 % de Noirs, le Bronx reste le *borough* le plus défavorisé et le plus pauvre. Près du tiers des foyers sont constitués de femmes seules, avec leurs enfants, et plus de 30 % de la population globale (plus de 40 % des moins de 18 ans) vit en dessous du seuil de pauvreté.

Le Bronx symbolise désormais la communauté noire plus que Harlem. Ce borough *très touché par la pauvreté est associé avec les grandes luttes pour l'égalité des droits. Martin Luther King reste, avec Malcolm X, l'une des principales figures de cet engagement.*

"Life's most urgent question is: what are you doing for others?"
–Reverend Dr. Martin Luther King, Jr.

Ci-dessus :
les grandes figures de l'émancipation noire font l'objet de beaucoup de graffitis et de fresques, comme ici un éventail de tous les grands leaders du Black Power. Tous les ans, New York célèbre le Black History Month*, mois de l'histoire noire, dont le Bronx Museum est partenaire.*

Ci-dessus à gauche :
le métro aérien qui dessert le Bronx détermine l'un des paysages urbains typiques de New York, avec les lourdes poutrelles de fer rythmant la chaussée et faisant de l'ombre aux magasins.

Ci-dessus à droite :
l'immigration de couleur recouvre une diversité de communautés, comme l'attestent ici ces jeunes qui brandissent le drapeau cubain.

ARTHUR AVENUE

Sur Arthur Avenue, le cœur du quartier de Belmont, l'humeur est à l'Italie. Bien loin de la frénésie touristique et convenue du Little Italy de Manhattan, ce Little Italy du Bronx est encore authentique. Des milliers d'Italiens y vivent et y travaillent selon les traditions apportées par des générations d'immigrants. Cette communauté italienne est arrivée à partir de la fin du XIXe siècle. Durant la Prohibition, de nombreux gangs plus ou moins mafieux, italiens, mais aussi irlandais ou polonais, ont éclos dans les environs grâce au trafic de whisky clandestin. Des scènes de la série télévisée *The Sopranos*, mettant en scène une famille mafieuse, ont d'ailleurs été tournées dans le quartier. Aujourd'hui, les épiciers empilent le long des trottoirs une marchandise plus banale, boîtes de tomates, bidons d'huile d'olive, gros sacs de pâtes, de polenta ou de farine. Dans la vitrine des boulangers, les *biscottis* croquants le disputent aux *focaccias* dodues et aux *cheese cakes*, l'une des grandes spécialités pâtissières de New York. Les petits commerces, derrière leurs devantures surannées, dégagent une atmosphère de province européenne. Dans les cordonneries ou les cafés, les hommes devisent en groupe, tandis que les femmes s'affairent aux courses, comme dans un vieux cliché des années 1960. Les puristes le savent, pour manger et acheter italien, il faut venir faire ses courses ici. On commence par les allées du petit marché couvert, l'Arthur Avenue Market, où les marchands se cachent derrière les rangées de *prosciutto*, de salamis, de saucissons de Calabre, de fromage, de pâtisseries ou de pâtes fraîches. L'air sent bon le parmesan, le pecorino, le provolone et le gorgonzola. Les clients flânent et s'interpellent. Dans le fond, quelques comptoirs et des tables couvertes de toile cirée permettent de caler une petite faim. Plus incongru, l'étal de cigares qui barre l'entrée de la halle. Gardé par l'effigie d'un Al Capone au sourire débonnaire, le petit atelier du fabricant artisanal *La Casa Grande* fleure le havane et permet de regarder les artisans rouler les cigares à l'ancienne. Parmi ses clients célèbres, la boutique liste les maires de New York Rudolph Giuliani ou Michael Bloomberg, ou encore l'actrice Jennifer Aniston.

Installée à l'entrée d'Arthur Avenue Market, la petite fabrique de cigares La Casa Grande *existe depuis 1997. Cette tradition est née à New York au XVIIIe siècle, lancée d'abord par les négociants portoricains, puis par les nombreux immigrants. Le Bronx possède une importante communauté portoricaine.*

Cigarillos
Al Capone
...no comment
BELMONT
AVE

BRONX PARK

Méconnu des touristes, que la réputation du Bronx effraie, ce vaste parc de 291 hectares contient pourtant deux attractions majeures à New York. Le zoo, tout d'abord. L'un des plus grands zoos urbains du monde, il occupe 107 hectares. Il constitue une évasion à part entière. Ouvert au public en 1899, il recrée une série d'habitats naturels très réussis, comme une forêt tropicale ou l'environnement particulier des grands gorilles du Congo. Mais le Bronx Park abrite aussi, sur une centaine d'hectares, le New York Botanical Garden, qui se présente comme un véritable musée végétal. Dès sa création, en 1891, il s'inspire ouvertement des Kew Gardens de Londres et se place très vite parmi les plus beaux jardins du monde. C'est toute la richesse botanique de la planète qui est recensée à travers une cinquantaine de jardins thématiques. La nature sauvage n'est pas en reste, grâce à une section consacrée à la forêt primitive de la vallée de l'Hudson, encadrant les gorges de la Bronx River.

ZOO CENTER
ZOO CENTER

STATEN ISLAND

Cette grande île, qui s'étend le long des côtes du New Jersey, au sud-ouest de la baie de New York, fut colonisée en même temps que Manhattan, mais elle est restée presque intacte. Rural, sauvage par endroits, bordé de belles plages de sable, le cinquième *borough* de New York offre une parenthèse hors du temps au visiteur en quête de secrets bien gardés.

NORTH SHORE

North Shore, la rive nord de l'île, est la partie la plus urbanisée, tout en gardant des allures de petite ville de province. Rien à voir avec les gratte-ciel de Manhattan que l'on aperçoit au loin et encore moins avec son bruit et sa fureur. La plus ancienne trace de peuplement de Staten Island remonte à 2 000 ans av. J.-C. L'explorateur italien Giovanni da Verrazzano fut le premier occupant Blanc de l'île. Il débarqua sur cette côte nord en 1524. La première colonie en tant que telle fut hollandaise et date du début du XVIIe siècle. Peu de temps après cette installation, on fortifia la pointe nord-est de l'île, qui garde l'entrée de la baie de New York. Fort Wadsworth est ainsi l'un des plus vieux sites militaires des États-Unis. Il servit durant la guerre d'Indépendance, puis durant la guerre de Sécession. Aujourd'hui, c'est à North Shore qu'arrivent deux des ponts, l'un reliant Staten Island au New Jersey, et le fameux Verrazzano-Narrows Bridge, qui mène à Brooklyn et sert, chaque année, de point de départ au célèbre marathon de New York. C'est là aussi qu'accoste le Staten Island Ferry qui assure la liaison entre l'île et la rive sud de Manhattan. L'une des premières choses que l'on voit en débarquant, le Staten Island September 11 Memorial, est un élégant monument aux deux ailes immaculées. Construit très vite après les attentats, il commémore les insulaires, au nombre de 274, qui perdirent la vie ce jour-là. Vu depuis les rives de l'île, l'attaque des tours et l'incendie qui s'ensuivit étaient un spectacle d'autant plus effrayant pour les habitants de l'île que la plupart empruntaient chaque jour le ferry pour aller travailler dans le quartier du World Trade Center. La population de Staten Island, en majorité blanche et non hispanique dans l'ensemble de l'île (c'est le seul *borough* de New York dans ce cas), est plus également répartie sur North Shore. Deux communautés d'immigrants se détachent toutefois, les Irlandais et surtout les Italiens, qui y sont très nombreux. D'ailleurs, dans les très sérieux classements des meilleures pizzas de New York, les restaurants de Staten Island sont particulièrement bien placés !

Page de droite :
Postcards. *C'est par ce nom étrange que l'on désigne le mémorial aux victimes du 11 septembre qui se dresse sur la promenade de Staten Island. Composé de deux grandes ailes blanches dessinées par l'architecte Masayuki Sono, il évoque deux cartes postales s'envolant vers les disparus.*

Double-page suivante :
les traditionnelles maisons en bois d'Historic Richmond Town.

20

SOUTH SHORE

Sur la carte, South Shore, la rive sud, s'étend beaucoup plus que North Shore et englobe plus des trois quarts sud de l'île. C'est pourtant la zone la moins peuplée. Elle est presque entièrement occupée par des parcs et des espaces sauvages. D'ailleurs, la meilleure façon de goûter la nature à New York est de parcourir à vélo les rues et les sentiers de Staten Island. Au centre de l'île, la Green Belt (« ceinture verte ») s'enroule comme un anneau autour de points culminant à 125 mètres d'altitude. Sur trois fois la superficie de Central Park, c'est un lacis de sentiers et d'observatoires longeant dans les sous-bois les profondes échancrures des bras de mer. Pour les amoureux de la faune et de la flore de la baie, enfourcher sa bicyclette et partir à la découverte des quelques parcs qui bordent la rive sud de l'île réserve de merveilleuses surprises. On pédale d'abord le long de l'interminable South Beach Boardwalk, une promenade côtière dont les planches longent des plages de sable fin. Au début du XXe siècle, l'endroit était si populaire qu'on y installa un parc d'attraction, des salles de spectacle et des casinos. En se retournant, on voit peu à peu s'éloigner la silhouette distinctive du Verrazzano-Narrows Bridge. On passe l'anse parfaite de Great Kills Harbor, une jolie baie où mouillent les voiliers. Puis les parcs aux noms évocateurs se succèdent, Blue Heron, Wolfe's Pond, Lemon Creek et Mount Loretto. Entre les dunes herbues, les marécages, les étangs, les bosquets, c'est le royaume des hérons bleus et de toutes sortes d'oiseaux migrateurs. En contrebas, le sable de Wolfe's Pond Beach forme la plus sympathique des plages de Staten Island, qui fait définitivement oublier que l'on est à New York... En rebroussant chemin, on remonte les siècles en s'arrêtant à Historic Richmond Town. Même si ce village historique peuplé de gens en costumes d'époque ressemble un peu à un écomusée, c'est un émouvant retour en arrière. Au milieu des arbres, c'est toute l'ambiance d'un hameau du XVIIe siècle qui renaît et raconte les débuts de la colonie britannique. Maisons en bois peint et repeint, école (la plus vieille de tous les États-Unis), ateliers d'artisans composent un tableau digne des peintures naïves d'Edward Hicks.

Depuis 1964, le Verrazzano-Narrows Bridge enjambe The Narrows, le détroit qui marque l'entrée dans la baie de New York. Ce pont relie la pointe est de Staten Island au sud-est de Brooklyn, sur Long Island. C'est là qu'est donné le signal de départ du marathon de New York.

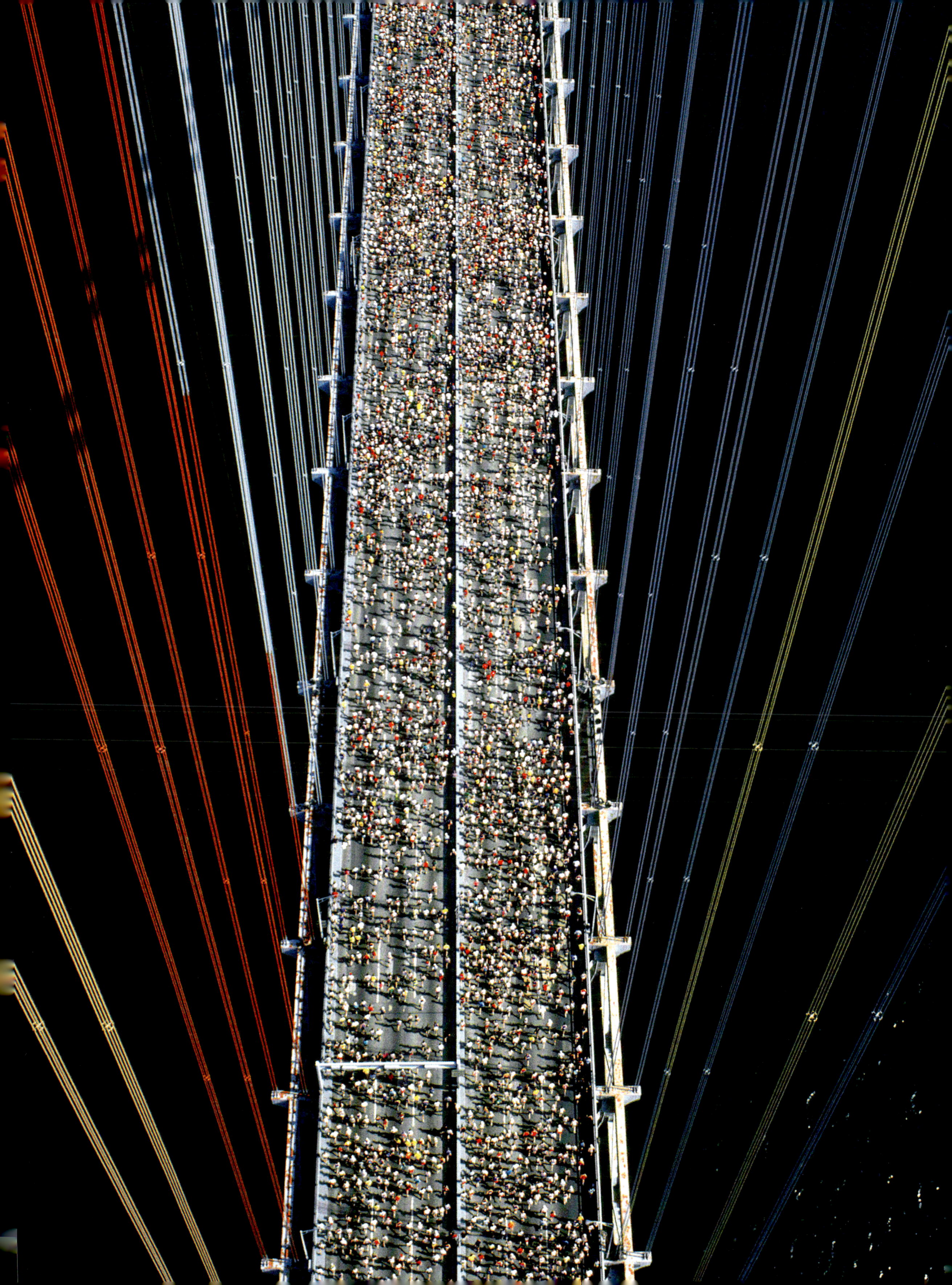

STATEN ISLAND FERRY

Tous les New-Yorkais connaissent la lourde silhouette orange vif du ferry qui, comme le ferait un train de banlieue, assure la liaison entre Staten Island et le bas de Manhattan. Un service privé de voiliers existait depuis le XVIIIe siècle, puis de navires à vapeur à partir de 1817. Il est devenu municipal en 1905. Plus de 75 000 *commuters* font chaque jour cette traversée de 8,4 kilomètres et 25 minutes pour aller travailler. Tôt le matin, les îliens se pressent pour avoir une place assise, puis, dès que le navire est à quai, ils se déversent en flots pressés dans le rutilant terminal pour gagner le métro ou s'égailler dans les rues voisines du Financial District. Le soir, le ballet repart en sens inverse. La journée appartient aux promeneurs ou aux touristes qui profitent de la gratuité du ferry pour admirer la *skyline* de Manhattan depuis la baie. Dans le sillage blanc, les gratte-ciel s'éloignent. Au loin, sur la droite, la statue de la Liberté semble toute petite… Au retour, New York semble sortir de l'eau, droit devant, comme du temps des immigrants arrivant par la mer.

LIFE RING BUOY
WITH LINE

NEW YORK EN UN CLIN D'ŒIL

New York City, la ville de New York, occupe la profonde baie de l'estuaire de l'Hudson, sur la côte nord-est des États-Unis. Elle appartient à l'État de New York, auquel elle a donné son nom, mais dont elle n'est pourtant pas la capitale (ce rôle revient à Albany). La ville se compose de cinq *boroughs* ou districts : Manhattan, Brooklyn, le Queens, le Bronx et Staten Island. Son surnom de « Grosse Pomme » (Big Apple) date des années 1920.

Superficie : **783 km². Manhattan (59 km²), Brooklyn (183 km²), Queens (281 km²), Bronx (109 km²), Staten Island (151 km²).**
Altitude : **la plus grande partie de la ville est au niveau de la mer. Le plus haut point de Manhattan se trouve à Washington Heights (81 m). Le plus haut point de toute la ville est Todt Hill sur Staten Island (125 m). Pour comparaison, la Freedom Tower s'élève à 541 m !**
Population (estimation 2011) : **8, 25 millions. Manhattan (1,6 million), Brooklyn (2,53 millions), Queens (2,25 millions), Bronx (1,4 million), Staten Island (470 000).**
Répartition démographique : **Blancs non hispaniques (33,3 %), Hispaniques (28,5 %), Noirs (25,5 %), Asiatiques (12,7 %).**
Revenu annuel moyen par personne : **30 500 $. Manhattan (59 150 $), Staten Island (30 840 $), Queens (25 550 $), Brooklyn (23 600 $), Bronx (17 575 $).**
Pauvreté : **19,1 % de la population vit en dessous du seuil de pauvreté (près de 30 % pour le Bronx, le district le plus pauvre, Brooklyn 22 %, Manhattan 17,8 %, Queens 13 %, Staten Island 10,3 %).**
Administration : **le maire de New York est élu au suffrage direct pour quatre ans. Le conseil municipal compte 51 membres, également élus pour quatre ans.**

LES FORMALITÉS

Papiers
Passeport valide, visa non obligatoire pour les séjours de moins de 90 jours. Mais il est obligatoire de remplir un formulaire ESTA (demande électronique d'autorisation de voyage) au moins 72 heures avant le voyage. Ce formulaire se remplit en ligne et s'accompagne d'un règlement de 14 $.

Douane
Armes, drogue, produits végétaux, viande et produits laitiers sont interdits. Pour certains médicaments, il faut se munir de son ordonnance. L'introduction d'alcool est strictement limitée aux plus de 21 ans. Les quantités autorisées d'alcool et de tabac sont disponibles sur www.office-tourisme-usa.com.

Adresses utiles
Ambassade des États-Unis en France, 2 avenue Gabriel, 75008 Paris, Tél. 01 43 12 22 22. www.amb-usa.fr. Il n'y a pas d'office de tourisme des États-Unis à proprement parler en France. Des renseignements et documents (souvent payants) sur New York sont disponibles auprès de Visit USA Committee (www.visitusafrance.com).

LA BONNE PÉRIODE

Climat
New York jouit d'un climat continental humide très contrasté. L'hiver peut être très froid, avec d'importantes chutes de neige possibles en cas de blizzard. La température moyenne diurne en janvier et février est de 4 °C, mais cela cache des disparités importantes. L'été est chaud, avec des moyennes de 27-28 °C en juillet et août, aggravées par l'absence d'air et le trafic.

Meilleures saisons
Avril, mai et juin sont particulièrement agréables, car les rues et les parcs sont fleuris. Les températures moyennes en journée passent de 15 °C en avril à 26 °C en juin.
L'automne présente un charme particulier, car l'été indien offre des températures clémentes et les couleurs flamboyantes des arbres. Septembre et octobre sont les meilleurs mois. Pour ceux qui aiment les ambiances festives et le shopping, novembre et décembre ne sont pas encore trop froids et sont particulièrement animés, grâce aux fêtes d'Halloween, de Thanksgiving et de Noël. Les rues et les vitrines se parent de lumières et de décorations époustouflantes. De janvier à mi-mars, il faut se préparer au froid et à l'humidité.

Vêtements
Prévoyez toujours un vêtement de pluie ou un parapluie, même en été. En toute saison, optez pour des chaussures pratiques et confortables car on marche et on piétine beaucoup à New York.
En été, munissez-vous systématiquement d'un lainage pour lutter contre le choc des climatisations branchées à fond dans les commerces, les restaurants et les transports publics.
En hiver, emportez un manteau chaud, si possible imperméable, mais prévoyez de pouvoir vous découvrir car les magasins et restaurants sont excessivement chauffés.

Heure locale
L'heure new-yorkaise est décalée de 6 heures par rapport à celle de Paris ou Bruxelles. Quand il est midi à Paris, il est 6 heures du matin à New York.

LE VOYAGE

Pour y aller
De nombreuses grandes compagnies aériennes proposent des vols directs entre Paris ou Bruxelles et New York (Air France, Delta Airlines, American Airlines, United Airlines, Continental Airlines, Lufthansa). La durée moyenne du vol est de huit heures. Depuis les villes de province, il peut être plus pratique de prévoir une correspondance à Amsterdam ou Londres plutôt qu'à Paris.
Les comparateurs de vols opérant sur Internet permettent de choisir entre les différents voyagistes du web (Expedia, Go Voyages, e-bookers, Opodo, etc.).
À New York, l'arrivée se fait soit à l'aéroport John F. Kennedy, dans le Queens, soit à l'aéroport de Newark, dans le New Jersey. Le temps de trajet pour rejoindre Manhattan est similaire dans les deux cas.

Transports sur place
N'envisagez même pas de louer une voiture ! La circulation est redoutable et, surtout, le coût du parking est dissuasif. Les transports en commun sont fiables et sûrs. Bus et métros sont gérés par la MTA (Manhattan Transportation Authority). Le site Internet www.mta.info fournit les plans de métro et de bus, les tarifs, ainsi que le service *Trip Planner* pour organiser à l'avance ses déplacements. Il est à souligner que le métro new-yorkais ne présente aucun danger particulier.

L'ARGENT

Change
La monnaie américaine est le dollar US. Les chèques de voyages émis en dollars sont couramment acceptés comme paiement dans les magasins et les restaurants. Les distributeurs de billets sont très nombreux

un peu partout, y compris à l'intérieur de beaucoup de drugstores, de supermarchés et dans certains restaurants. Attention toutefois, ils font payer une commission en plus du taux de change.

Budget
New York est une ville très chère. Une nuit pour deux dans un hôtel de catégorie moyenne revient à 200 $ au minimum. Manger sur le pouce est bon marché. Dans les restaurants, il est pratiquement impossible de manger pour moins de 20 $ par personne, sans compter les pourboires. Les entrées dans les musées et les monuments sont chères, de 10 à 25 $. Seuls les transports en commun sont relativement bon marché. Attention, les taxes ne sont jamais comprises dans les prix. Elles sont de 8,875 % sur tous les biens de consommation courante et de 13,25 % pour les hôtels.

Pourboires
C'est une obligation aux États-Unis où les salaires dans la restauration et l'hôtellerie sont très bas. Au restaurant, il n'est pas envisageable de laisser moins de 18 % (un peu plus du double de la taxe). Le plus courant est 20 %. Vérifiez la note toutefois, car pour les tablées de plus de 5 ou 6 personnes, le service est facturé et de plus en plus de restaurants le rajoutent à l'addition. Dans les taxis, on ajoute en général 10 %. Dans les hôtels, il convient de laisser environ 2 à 5 $ par nuit pour la femme de chambre.

LE LOGEMENT

C'est le plus gros poste de votre budget et celui qui demande le plus de préparation. Quelle que soit la formule choisie, réservez à l'avance si vous voulez avoir le choix et des prix.
Comparez les prix sur Internet, car les grands sites de discount (hotels.com, booking.com ou expedia.com) sont très actifs à New York. Mais pensez aussi à consulter les prix sur les sites Internet des hôtels eux-mêmes, qui ont souvent des offres spéciales web.
Dans tous les cas, si vous vous présentez dans un hôtel sans réservation ou offre préalable, vous paierez le prix standard (*rack rate*), qui est très élevé.

Hôtels
Les hôtels sont classés de 1 à 5 étoiles. S'il existe une offre très large à Manhattan pour les catégories supérieures (plus de 300 $ par nuit), elle se réduit considérablement pour les hôtels de bonne catégorie (3 étoiles) qui restent chers (200 à 300 $ par nuit). Pour descendre en dessous de 200 $ par nuit il faut accepter de ne pas avoir de salle de bains privée ou s'éloigner de Manhattan. Brooklyn compte quelques hôtels mais ceux qui sont centraux restent chers, les autres étant très éloignés. De même, le Queens compte un certain nombre d'hôtels plus abordables, mais ils se trouvent à proximité des aéroports ou le long des autoroutes urbaines.

Bed and Breakfast
Cette formule, qui n'est pas très courante, a longtemps concerné plutôt des adresses de charme et très confidentielles, donc à des prix comparables à ceux des hôtels. Le site www.bedandbreakfast.com en recense une partie.
Le site www.airbnb.com permet à des particuliers de proposer des chambres ou de petits appartements. À mi-chemin entre la location et le bed « sans » breakfast, cette formule permet de trouver un hébergement plus abordable.

Location

La meilleure formule pour passer du temps à New York est la location d'un petit appartement ou d'un studio.
New York Habitat, Tél. 212 255 8018, www.nyhabitat.com
Urban Living, Tél. 212 689 6606, www.nyurbanliving.com

LA CUISINE

Les repas

Beaucoup d'hôtels ne servent pas le petit-déjeuner (*breakfast*) ou ont un restaurant adjacent ouvrant tôt le matin et affichant le menu breakfast jusqu'à 11 h. Les Américains mangent à peu près de tout à ce moment

de la journée, généralement de façon copieuse. Cela peut consister en de simples muffins (petits cakes aux fruits secs ou au chocolat), gaufres ou crêpes épaisses ou, au contraire comporter une omelette, des œufs brouillés, des saucisses, etc. Le samedi et le dimanche matin, la plupart des restaurants servent le brunch, à partir de 10 h 30 ou 11 h, un repas qui fera aussi office de déjeuner.
Le déjeuner (*lunch*) est le repas le plus léger, servi dans les restaurants entre 11 h et 16 h. Les plats à la carte y sont moins chers et moins copieux que le soir. De plus en plus d'établissements proposent des formules lunch, sous forme d'un menu à prix fixe ou d'un buffet à volonté.
Le dîner est servi en général à partir de 17 h, sauf dans les restaurants chics qui attendent parfois 19 h, et jusqu'à 23 h. Les prix affichés sont plus élevés qu'à midi pour un même restaurant. Les petits budgets s'intéresseront aux menus dits « *early bird* » ou « *pre-theater* », des menus fixes et bon marché, servis avant 18 h 30 ou 19 h.

Sur le pouce

L'envolée des prix des restaurants a favorisé l'essor des *trucks*, des camionnettes fastfood qui stationnent le long des rues, près des carrefours stratégiques. La nourriture y est fraîche et très variée, du simple hot dog bon marché au mets exotique et raffiné à emporter ou à la pâtisserie sophistiquée. Les New-Yorkais sont très friands de ce type de restauration rapide et la qualité est souvent surprenante. Il existe même des applications pour smartphone indiquant où se trouve tel ou tel *truck* à telle ou telle heure, ainsi que des classements gastronomiques des différents *trucks*.
La chaîne de magasins d'alimentation Wholefood, présente dans de nombreux points de la ville (notamment Columbus Circle ou Union Square), possède des bars à salades ou à plats préparés à emporter. On remplit sa barquette pour se composer une salade complète ou un plat et on paye au poids. La plupart des *delicatessen* de la ville proposent le même service, idéal pour pique-niquer ou manger à moindre coût.
Le Chelsea Market, à la limite sud du quartier de Chelsea, rassemble toutes sortes de fast-food recherchés, avec un grand choix de plats, quiches, sandwiches ou soupes, à manger sur place ou non.

La gastronomie

Il n'y a longtemps pas eu de gastronomie américaine au sens où on l'entend en France. Cette époque est révolue. De nombreux chefs ont émergé depuis une quinzaine d'années, s'inspirant de toutes les cuisines du monde et exécutant une « fusion » de ces différentes sources. Il en résulte des tables très inventives, respectées et récompensées au même rang que les plus grands chefs mondiaux.
Les États-Unis sont toutefois riches d'un héritage culinaire familial et les recettes traditionnelles reviennent à la mode, sous le nom de *comfort food* (nourriture réconfortante), à la faveur de la nostalgie ambiante pour

l'enfance et les temps révolus. Le poulet frit des États du Sud, avec ses frites de patate douce et ses petits pains au maïs, est devenu un classique, de même que les gaufres aux noix de pécan, le gâteau au potiron pour Halloween ou les *crab cakes* (petits pâtés frits au crabe). D'autres recettes sont issues de la culture juive, très présente, surtout à New York, comme le *meatloaf* (pain de viande), le pastrami, les boulettes ou le pâté de foie de poulet. Les gourmands ne manqueront pas d'essayer les pâtisseries new-yorkaises, au premier rang desquelles le *cheese cake*, une spécialité honteusement riche à base de fromage frais. Tout aussi impossible d'échapper aux *cupcakes*, dont la folie a gagné l'Europe ou aux *whoopie cakes*, une version américaine du macaron. Mais New York est surtout un incroyable creuset gastronomique. Il est possible de rester des semaines et de toujours goûter à des cuisines différentes. Les différentes communautés ethniques ont toutes leurs restaurants, leurs épiceries, leurs marchés, ce qui permet à leurs traditions gustatives de perdurer. C'est d'ailleurs l'un des atouts de la ville que cette immense variété de saveurs. Les cuisines asiatiques (chinoise, coréenne, japonaise, vietnamienne, philippine, indienne, pakistanaise, afghane, ouzbek), européennes (française, italienne, espagnole, portugaise, grecque, hongroise, russe), du Proche et du Moyen-Orient (turque, syrienne, libanaise, israélienne), du Maghreb (marocaine), d'Afrique (éthiopienne, sénégalaise), d'Amérique latine (mexicaine, argentine, brésilienne, chilienne, péruvienne), des îles (Caraïbes, Cuba, Hawaï) se retrouvent un peu partout, dans les quartiers de ces communautés mais de plus en plus souvent dans les endroits à la mode. Les végétariens pourront aussi savourer quelques spécialités car la plupart des restaurants incluent des plats ou des menus végétariens dans leur carte.

LE SHOPPING

Que rapporter ?

Impossible d'aller à New York sans casser sa tirelire ! Les tentations sont immenses, dans tous les registres. Deux secteurs méritent une mention particulière pour leurs bonnes affaires, la mode et l'électronique.

La confection est l'une des grandes traditions new-yorkaises. Toutes les grandes chaînes américaines sont largement représentées dans la plupart des quartiers commerçants. Si *Gap* est largement connu en France, d'autres valent aussi que l'on y fasse un tour. *Old Navy*, qui appartient au même groupe que *Gap*, vend une mode jeune, style *streetwear*, à petit prix, et possède un rayon enfant fourni. *Banana Republic*, à prix moyens, s'adresse à une clientèle urbaine classique. *J.Crew* mise sur le chic BCBG et la qualité, de même que *Club Monaco*, une version middle class de *Ralph Lauren*. *American Eagle*, *American Apparel* et *Abercrombie & Fitch* s'adressent plus spécifiquement aux ados ou aux très jeunes adultes, dans des gammes de prix différentes. *Forever 21* est la chaîne des fashionistas.

Les jeans et les chaussures de sport constituent l'un des achats incontournables, à des prix très inférieurs à ceux pratiqués en Europe.

Les grands magasins dégriffés font fureur à New York et sont répartis dans de nombreux quartiers. Les plus connus sont *Century 21*, *Daffy's*, *T.J. Maxx* ou *Loehmann's*.

Les fans d'électronique ou de matériel photo ne manqueront pas de rechercher les dernières innovations à prix souvent compétitif. Attention toutefois à l'adaptabilité au courant 220V et au service après-vente.

Où faire son shopping ?

Les grandes chaînes sont représentées dans le quartier Midtown, le long de la 5th Avenue et autour du Rockefeller Center, à Chelsea le long de la 6th Avenue, à Soho sur Broadway.

Pour lécher les vitrines, chiner dans de jolies boutiques et découvrir les nouvelles marques américaines, concentrez-vous sur Soho et Nolita, ou le West Village.

Les marques du luxe se concentrent surtout autour de Madison Avenue, dans l'Upper East Side.

Les grands magasins
Ils appartiennent au paysage de la ville et rassemblent toutes les marques de luxe : *Macy's* sur la 34th Street, *Saks Fifth Avenue* et *Bergdorf Goodman* sur la 5th Avenue, *Barneys* sur Madison Avenue, *Bloomingdale's* sur Lexington Avenue.

QUELQUES FÊTES

L'année en fête commence par le Nouvel An chinois (janvier ou février), particulièrement coloré. Le 17 mars est le jour de la Saint Patrick, avec un défilé géant et festif sur la 5th Avenue. Pour le dimanche de Pâques, l'Easter Parade est un autre défilé majeur qui suit la 5th Avenue. Le dimanche le plus proche du 5 mai, la communauté latino fête son identité lors du Cinco de Mayo Festival, dans East Harlem. Le dernier dimanche de juin est le jour de la Gay Pride. Le 4 juillet, l'Independance Day est la fête nationale, avec toutes sortes de manifestations à travers tous les quartiers et les parcs. Le soir d'Halloween, la New York Village Halloween Parade est un défilé nocturne magique, pour lequel tout le monde se costume et fait la fête. Le premier dimanche de novembre est consacré au fameux marathon de New York, le plus célèbre et le plus fréquenté du monde. La plus grande fête américaine, Thanksgiving, se célèbre le dernier jeudi de novembre et donne lieu à un défilé spectaculaire organisé par le grand magasin *Macy's*. C'est aussi le début des illuminations de Noël, une époustouflante débauche de créativité et parfois d'un kitsch délirant. Le soir du 31 décembre,

tout le monde se retrouve sur Times Square pour attendre les douze coups de minuit avant de partir pour une course échevelée à travers Central Park.

RENSEIGNEMENTS COMPLÉMENTAIRES

Sécurité
New York est devenue une ville sûre. Contentez-vous de respecter une prudence élémentaire.

Santé
Le système de santé est relativement efficace, mais surtout très cher. Ne partez pas sans une assurance complémentaire, de type Europe Assistance.
De nombreux drugstores (sortes de supermarchés de la pharmacie et de la parapharmacie) sont ouverts pratiquement 24 heures sur 24. Ils dispensent de nombreux médicaments de première nécessité sans ordonnance.

Électricité
Le courant est de 110V. Les prises sont différentes de celles de la France. Les aéroports vendent adaptateurs de prises et transformateurs moins cher qu'à New York. Les ordinateurs portables, téléphones mobiles et appareils photo ne nécessitent en général pas de transformateur. La plupart des hôtels fournissent un sèche-cheveux dans les chambres.

Crédits photographiques :
toutes les photographies de l'ouvrage proviennent du fonds Hemis
© Ambient Images Inc. / Alamy/ hemis : 94 gauche, 123 bas ; © Amiel Jean-Claude/ hemis.fr : 9, 159 ; © Batchelder/ Alamy/ hemis : 85 haut ; © Clarence Holmes Photography/ Alamy/ hemis : 88 ; © Dosfotos/ Axiom / hemis : 115 bas ; © Frances M. Roberts/ Alamy/ hemis : 133 droite, 139 ; © Frilet Patrick/ hemis.fr : 8, 24, 25 gauche, 95, 131, 132 droite ; © Frumm Fabrice/ hemis.fr : 8, 59 ; © Gardel Bertrand/ hemis.fr : 11, 16 gauche, 23, 25 droite, 67 bas, 76 droite, 101 ; © Gavin Hellier / Alamy/ hemis : 88 ; © Gotin Michel/ hemis.fr : 140, ; © Hauser Patrice/ hemis.fr : 9, 10, 11, 20, 27, 32 bas, 38, 43, 44 bas et haut, 53 haut, 64 bas, 75, 99, 104, 108 haut gauche ; © Heeb Christian/ hemis.fr : 6, 9, 10, 11, 21 bas et haut, 28 haut, 32 haut, 35, 37, 39 haut, 45, 47, 53 bas, 57, 77 bas, 97, 102-103, 108 droite, 110-111, 119 bas, 122, 128-129, 147, 155 © Imagebroker/ Alamy/ hemis : 10 ; © Image Source/ hemis.fr : 105 haut, 109 droite ; © Jenny Acheson/ Axiom/ hemis : 109, 123 haut ; © Jon Arnold/ hemis.fr : 12-13, 15, 34 gauche, 54 bas, 63, 71, 77 droite, 80 haut, 83, 95 bas, 108 bas, 127, 154 ; © Johnny Stockshooter/ Alamy/ hemis : 153 ; © Maisant Ludovic/ hemis.fr : 8, 29 haut, 54 haut, 64 gauche et droite, 114 gauche et droite, 137 ; © Mattes René/ hemis.fr : 17 bas, 58 haut, 60-61, 78-79, 158 ; © Moirenc Camille/ hemis.fr : 51, 65, 68-69, 107 ; © Patti McConville/ Alamy/ hemis : 145 ; © PCN Photography/ Alamy/ hemis : 151 ; © Philip Scalia / Alamy/ hemis : 115 haut ; © Photoshot/Pearce/hemis.fr : 33, 41, 76 gauche ; © Pompe Ingolf/ hemis.fr : 34 droite, 52, 91 ; © Prisma Bildagentur AG/ Alamy/ hemis : 148-149 ; © Renault Philippe/ hemis.fr : 8, 31, 80 bas, 113, 117, 119 haut, 157 © Richard Sharrocks / Alamy/ hemis : 118 ; © Richard Levine/ Alamy/ hemis : 133 bas ; © Rieger Bertrand/ hemis.fr : 9, 11, 16 droite, 17 haut, 19, 28 bas, 39 bas, 48-49, 55, 66, 67 gauche, 70 haut, 73, 81, 84, 85 bas, 90 bas et haut, 92, 94 droite, 141 gauche, 156 ; © Robert Nickelsberg/ Alamy/ hemis : 132 gauche ; © Safra Sylvain/ hemis.fr : 58 bas ; © Sandra Baker/ Alamy/ hemis : 43 ; © Stacy Walsh Rosenstock/ Alamy/ hemis : 121 ; © ViewPictures/ hemis.fr : 70 bas, 87, 135 ; © ZUMA Wire Service/ Alamy/ hemis : 141 droite.

Édition : Valérie Tognali
avec la collaboration de Franck Friès
Suivi d'édition : Françoise Mathay assistée de Marion Dellapina
Responsable artistique : Sabine Houplain assistée de Claire Mieyeville et Audrey Lorel
Conception et réalisation graphique : Pascale Comte
Correction : Olivier Godefroy
Cartographie : Cyril Suss
Partenariat et ventes directes : Claire Le Cocguen / clecocguen@hachette-livre.fr
Relations presse : Hélène Maurice / hmaurice@hachette-livre.fr

Photogravure : Reproscan
Édité par les Éditions du Chêne (43, quai de Grenelle, 75905 Paris Cedex 15)
Achevé d'imprimer par Polygraf en Slovaquie en janvier 2013
Dépôt légal : février 2013
ISBN 978-2-81230-737-9
32/3618/9-01